中保研汽车技术研究院新能源汽车保险事故查勘定损培训教材

新能源汽车保险事故查勘定损指南

中保研汽车技术研究院有限公司
新能源汽车研究课题组　　组编

杨德晔　曾必强　于　洋
路仁臣　张永现　闫万钊　编
马　彪

机械工业出版社

本书是中保研汽车技术研究院有限公司新能源汽车保险事故查勘定损人员培训教材，经中保研培训教材编审委员会审定。

本书主要内容包括新能源汽车概述、高压安全与防护用具、新能源汽车查勘、车辆定损和事故案例；在查勘定损中，针对不同事故类型，分别就碰撞事故、托底事故、水淹事故，以及火灾事故的现场查勘、车辆定损等理赔环节提出了具体的操作步骤与注意事项。

本书可作为保险公司新能源汽车保险理赔人员的业务培训教材，也可为从事汽车保险相关工作人员的参考资料。

图书在版编目（CIP）数据

新能源汽车保险事故查勘定损指南／中保研汽车技术
研究院有限公司新能源汽车研究课题组组编. —北京：
机械工业出版社，2020.10（2024.3 重印）
ISBN 978-7-111-66567-0

Ⅰ.①新… Ⅱ.①中… Ⅲ.①新能源-汽车保险-
理赔-中国-指南 Ⅳ.①F842.634-62

中国版本图书馆 CIP 数据核字（2020）第 177136 号

机械工业出版社（北京市百万庄大街 22 号 邮政编码 100037）
策划编辑：齐福江　　　　　　责任编辑：齐福江　刘　煊
责任校对：炊小云　　　　　　责任印制：单爱军
北京虎彩文化传播有限公司印刷

2024 年 3 月第 1 版 · 第 5 次印刷
184mm×260mm · 9 印张 · 148 千字
标准书号：ISBN 978-7-111-66567-0
定价：75.00 元

电话服务　　　　　　　网络服务
客服电话：010-88361066　　机　工　官　网：www.cmpbook.com
　　　　　010-88379833　　机　工　官　博：weibo.com/cmp1952
　　　　　010-68326294　　金　书　网：www.golden-book.com
封底无防伪标均为盗版　机工教育服务网：www.cmpedu.com

中保研培训教材编审委员会

至 2019 年年末，我国乘用汽车销量连续 10 余年保持世界第一，汽车保有量已经突破 2 亿辆。发展新能源汽车，是我国从汽车大国迈向汽车强国的必由之路，是应对气候变化、推动绿色发展的战略举措。自 2012 年国务院发布实施《节能与新能源汽车产业发展规划（2012 - 2020 年)》以来，我国新能源汽车产业技术水平显著提升，产业体系日趋完善，企业竞争力大幅增强，产销量、保有量连续 4 年居世界首位。与此同时，新能源汽车产品品质显著提升，中高端车型市场份额不断提高，新能源汽车已经步入社会主流家庭生活。在车险市场中，新能源汽车的占比也逐年提高，且在最近几年承保车辆和保费规模增长幅度均远高于传统燃油车。

通过近几年新能源汽车出险事故大数据分析，发现新能源汽车的大额赔付发生对象、高频赔付配件、损伤配件换修判别、维修方法制订等，均不同于传统燃油车。在新能源汽车定损理赔中，如何科学应对这些问题是保险行业需要面临的全新挑战，也是保险行业发挥社会保险保障职能，助力国家重大战略决策实施落地的重要任务。因此，在保险行业协会指导下，中保研汽车技术研究院有限公司成立新能源汽车研究课题组，编写了本书，为各保险公司新能源汽车理赔定损提供技术指导，这将有助于各保险公司完善对新能源汽车的查勘、定损技术管理并为相关理赔人员的上岗培训提供教材。

本书基于保险行业在新能源事故车查勘定损时遇到的实际问题，结合行业需求，对新能源汽车的车型分类、结构组成、风险特点、安全事项、损伤案例等方面进行分析和介绍，有利于保险公司相关人员快速掌握相关知识，提升实际业务能力。随着技术的进步和中保研汽车技术研究院有限公司研究工作的深入，中保研汽车技术研究院有限公司后续还会根据研究成果和行业实际赔付案例不断充实和完善各章节内容，不断提高全行业新能源汽车查勘定损服务能力，满足消费者多元化的消费需求。

中保研汽车技术研究院有限公司　贾海茂

　　《新能源汽车保险事故查勘定损指南》是中保研汽车技术研究院有限公司新能源汽车研究课题组编写的第一本为解决目前保险行业新能源汽车事故中遇到的问题的全新指南。全体编写人员历时两年，最终撰写完成。

　　本书结合保险行业目前在新能源汽车保险事故查勘定损工作中遇到的问题，规范了新能源汽车查勘定损理赔流程和安全注意事项，力图解决目前新能源汽车理赔过程中的难题。本书具有知识性、针对性和实用性的特点，图文并茂，通俗易懂，实为广大车险理赔人员及车辆损伤评估人员理赔实务的指导工具书。

　　本书分别对新能源汽车分类、车辆识别方法、结构特征、安全防护措施进行分析介绍，针对碰撞事故、托底事故、水淹事故以及火灾事故等不同事故类型的现场查勘、车辆定损等理赔环节提出了具体的操作步骤与注意事项，并详细介绍了不同事故形态对新能源汽车可能造成的损伤范围以及主要的维修工艺和检测方法。本书的最后部分，着重提出了对新能源汽车发生严重碰撞事故应该采取的安全处置建议。

　　本书由中保研汽车技术研究院有限公司新能源汽车研究课题组杨德晔、曾必强、于洋、路仁臣、张永现、闫万钊、马彪编写，编写过程中得到了来自各方面的领导及专家们的鼎力相助。中保研培训教材编审委员会成员给予了宝贵的指导意见，保险行业协会及各大财产保险公司的从业人员也对本书的编写给予了很大的帮助，包括中国人民财产保险股份有限公司黄颖、刘庆、汪晓雨，中国平安财产保险股份有限公司卢京民、王鹏，太平洋财产保险股份有限公司尹维剑、蔡腾飞，中保研汽车技术研究院于全舣等，在此对他们一并表示衷心的感谢！

　　由于编写人员知识的局限性，书中观点难免存在偏颇与不妥之处，欢迎读者予以指出，我们将会及时更正。

编　者

目录

第 2 章

高压安全与防护用具

新能源汽车保险
事故查勘定损指南

第 1 章
新能源汽车概述

新能源汽车保险
事故查勘定损指南

1.1 新能源汽车的分类

目前，随着国家对新能源汽车的大力支持，新能源汽车在国家激励政策和优惠措施下得到了蓬勃发展。依照国家工信部《新能源汽车生产企业及产品准入管理规定》，目前国内的新能源车辆主要分为三大类，第一类纯电动汽车，第二类插电式混合动力（含增程式）汽车，第三类燃料电池汽车，如图1-1所示。市场上只有这三类车型可以享受政府的补贴政策。由于燃料电池技术的限制，燃料电池新能源汽车产销量较小，目前市场上主要以纯电动车型和插电式混合动力车型为主。

插电式混合动力汽车　　　　　　　纯电动汽车　　　　　　　燃料电池电动汽车

图1-1　新能源汽车类型

1. 纯电动车型

纯电动新能源汽车（EV）是指以车载电源为动力，用电机驱动行驶，符合道路交通、安全法规各项要求的车辆。由于车辆的驱动能源主要来自于电能，所以对环境的影响较小。典型车型有特斯拉 Model S、蔚来 ES 系列等。

2. 插电式混合动力车型

插电式混合动力车型为混合动力车型的一种，插电式混合动力汽车（PHEV）与普通混合动力汽车（HEV）的区别在于：插电式混合动力汽车的动力蓄电池容量相对较大，可以外部充电，可以用纯电模式行驶，动力蓄电池电量耗尽后再以混合动力模式（以内燃机为主）行驶，并适时向动力蓄电池充电；而普通混合动力汽车的动力蓄电池容量很小，仅在起/停、加/减速的时候供应/回收能量，不能外部充电，不能用纯电模式较长距离行驶。

按照发动机与电机连接形式的不同，插电式混合动力车型的动力系统可以分为串联系统、并联系统、串并联系统（混联系统）。

3. 燃料电池车型

燃料电池汽车（FCV）是一种用车载燃料电池装置产生的电力作为动力的汽车。车载燃料电池装置所使用的燃料为高纯度氢气，或含氢燃料经重整所得到的高含氢重整气$^{\ominus}$。与通常的电动汽车比较，其动力方面的不同在于：FCV 用的电力来自车载燃料电池装置，电动汽车所用的电力来自由电网充电的动力蓄电池。因此，FCV 的关键是燃料电池。

1.2 新能源汽车主要部件及基本结构

新能源汽车电气系统分为低压系统和高压系统。低压系统和传统燃油车的电气系统基本相同，例如前照灯、音响、电器设备及 T - box 车载终端等，所以新能源汽车和传统汽车主要的不同点在于车辆的高压系统。

$\ominus$　重整气主要成分为氢气和一氧化氮的气体。

新能源汽车高压系统部件主要包括动力蓄电池包、驱动电机、电机控制器、DC-DC变换器、高压配电单元（PDU）、车载充电机、空调压缩机等。

1. 动力蓄电池包及单体结构

新能源汽车最主要且价值最高的部件为车辆的动力蓄电池包。由于动力蓄电池包重量和体积较大，所以动力蓄电池包大多布置于车辆的底盘位置。动力蓄电池包由多个模组组成。单体电池不同的材料、不同的包装形式导致动力蓄电池的性能不同。

按照单体电池正负极的主要材料不同，可分为三元锂电池、磷酸铁锂电池、钴酸锂电池、锰酸铁锂电池。

按照动力蓄电池的包装形式不同，主要可以分为圆柱电池、钢壳/铝壳电池、软壳包装电池。目前市场上宁德时代公司生产的电池为钢壳/铝壳电池，特斯拉公司生产的为圆柱电池。如图 1-2 所示为部分日产车辆使用软壳包装聚合物电池。

图1-2　日产车辆使用的软壳包装聚合物电池

新能源汽车动力蓄电池单体按照形状分为圆柱形电池、方板型电池、软包型电池，如图 1-3 所示。

(1) 圆柱形电池

代表车型：特斯拉 MODEL X、江淮 IEV5 等。

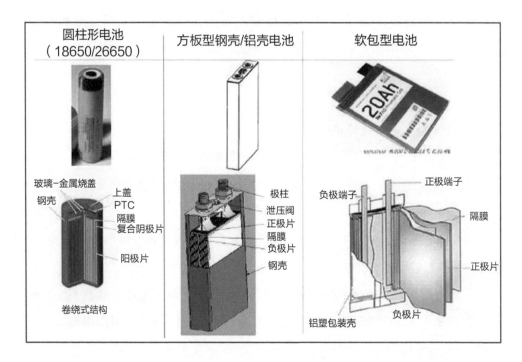

图1-3　新能源汽车动力蓄电池单体结构

以特斯拉 MODEL X 为例，根据电量不同，动力蓄电池内部由 14 块或 16 块电池模组构成，每块模组有 444 节单体电池，共计由 6216 节或 7104 节单体电池组成（见图 1-4），采用串并联的连接方式。动力蓄电池前盖内有熔丝、液冷接口等装置；后部椭圆部分有高压线束、控制线束插接口装置；在电池底板两侧边缘位置每个模组各设置有膨胀阀、排泄阀，用于排出因故障产生的高压气体及液体。

（2）方板型电池

代表车型：荣威 Ei5、小鹏 G3。

以荣威 Ei5 为例（图 1-5），动力蓄电池由 16 个模组构成，每个模组由 6 节单体电池，

图1-4　特斯拉 MODEL X 动力
蓄电池拆解

共计由 96 节单体电池组成，采用串联的连接方式。动力蓄电池前盖有高压线束接口等装置；后部有维修开关、低压控制线束插接口装置；在顶端中间偏右位置设置单向阀门 3 个，用于排出内部产生的高压气体。

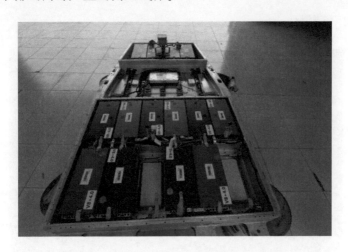

图 1-5　荣威 Ei5 新能源汽车动力蓄电池拆解

(3) 软包型电池

代表车型：启辰晨风 EV、启辰 D60EV、轩逸 EV 等。

以轩逸纯电动汽车（图 1-6）为例，动力蓄电池由 24 个模组构成，每个模组由 8 节单体电池，共计 192 节单体电池组成，采用串并联的连接方式。动力蓄电池前端有高压线束接口，低压控制接口等装置；中上部有维修开关；在左后部设置有一个防爆阀，用于排出内部产生的高压气体。

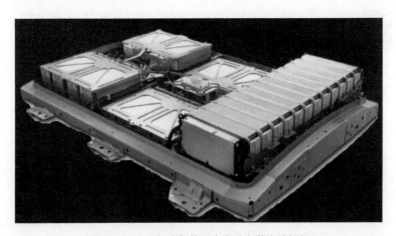

图 1-6　日产轩逸新能源汽车动力蓄电池拆解

2. 驱动电机

驱动电机也是新能源汽车的主要部件。目前大部分的新能源汽车使用的是交流驱动电机，如图 1-7 所示。

驱动电机

图1-7　驱动电机

3. 电机控制器

电机控制器（图 1-8）的功能是根据档位、加速、制动等指令，将动力蓄电池的直流电转化为驱动电机所需的交流电，来控制新能源汽车的启动运行、进退速度、

图1-8　电机控制器

输出转矩等行驶状态，或者帮助新能源汽车制动，并将部分制动能量存储到动力蓄电池中。它是新能源汽车的关键零部件之一。

4. DC-DC 变换器

DC-DC 变换器是一种在直流电路中使电压变化的装置，主要负责将 200~700V 高压直流电转为低压直流电，供给车载低压用电设备使用，如低压蓄电池（12V）、电动助力转向（EPS）等低压设备，如图 1-9 所示。

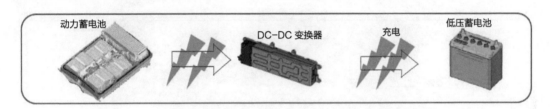

图 1-9 DC-DC 变换器工作流程

5. 高压配电单元（PDU）

高压配电单元（PDU）是所有纯电动汽车、插电式混合动力汽车的高压电分配单元，如图 1-10。高压配电单元（PDU）将高压电进行合理的分配，以达到驱动电机和充电的目的。

图 1-10 高压配电单元（PDU）位置

6. 车载充电机

车载充电机是指固定安装在电动汽车上的充电机（图1-11），具有为新能源汽车动力蓄电池安全、自动充满电的能力。充电机依据电池管理系统（BMS）提供的数据，能动态调节充电电流或电压参数，执行相应的动作并完成充电过程。

图1-11　车载充电机位置

7. T-box车载终端

新能源汽车依照国家标准匹配了T-box车载终端，车载终端将新能源汽车数据实时上传新能源汽车国家检测与管理平台，依据GB/T32960.3—2016国标规定的平台实时信息上报数据共61项，主要有驱动电机数据（10项）、整车数据（11项）、极值数据（11项）、报告数据（10项）、车辆位置数据（3项）、发动机数据（3项）、燃料电池数据（12项）。此外，还有动力蓄电池故障情况下单体数据12项，主要有单体电压（8项）、单体温度（4项）。

1.3 高压部件工作流程简介

1. 充电过程

慢充时，充电插口接入 220V 交流电，交流电通过车载充电机变为高压直流电，再通过车辆高压配电单元（PDU）将电导入动力蓄电池包。

快充时，车辆充电插口直接接入高压充电桩，机柜中直接连接高压直流电，将高压直流电输入车辆高压配电单元（PDU），再导入高压蓄电池包。

2. 行驶过程

当车辆行驶时，车辆动力蓄电池包中的高压直流电通过高压配电单元输入到电机控制器，将高压直流电转变为高压交流电驱动电机（图 1－12）。同时，车辆需要动力蓄电池包电量供给车辆低压系统电子电器设备使用，所以需要将动力蓄电池包的高压直流电通过 DC－DC 变换器变为低压直流电。此外，空调/PTC 也需要动力蓄电池包中的高压直流电。

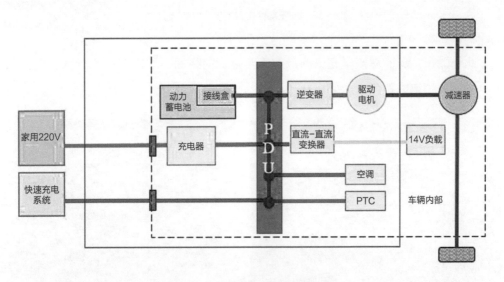

图1-12　新能源汽车高压部件简图

1.4 新能源汽车的主要风险点

1. 高压部件损伤概率高

新能源汽车有大量的高压部件，高压部件配件价格昂贵且修复成本较高。目前，大部分新能源汽车高压部件在车辆上布置不合理，如图 1-13 所示，车辆电机控制器布置于车辆左前照灯后方，事故中非常容易受损。损伤发生后，无论损伤轻重，车辆高压配件厂家不提供单独可供更换的零件，只能更换总成，导致维修成本大幅增加。

图 1-13　高压部件布置于前照灯支架后方

此外，很多新能源汽车充电插口位于车辆的前格栅，如图 1-14 所示，大大加重了由于碰撞等原因造成损坏的风险。

图 1-14　充电插口位于高碰撞风险位置

2. 动力蓄电池价格占比高

目前大部分新能源汽车动力蓄电池布置于车辆的底部，而且动力蓄电池价格占比较高。以荣威为例，如图 1-15 所示，不计算政府补贴费用，动力蓄电池的平均占比也超过了车辆价值的30%。因此，在车辆遭到托底事故时，动力蓄电池的损伤可能性较大，损失较大。

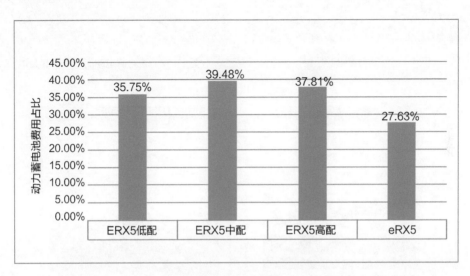

图 1-15　新能源汽车动力蓄电池费用占比

3. 动力蓄电池易损伤

大多数新能源汽车动力蓄电池布置于车辆底盘位置，与传统车辆比较托底事故将对新能源汽车造成更严重的损失。很多车辆动力蓄电池最低点位置低于车辆两侧底大边，且电池箱体强度不够，造成动力蓄电池损伤风险较高。很多新能源车辆在动力蓄电池前端副车架位置增加"保护横梁"，但是"保护横梁"为较薄弱的金属材料制成，对动力蓄电池的保护作用较小（图 1-16 和图 1-17）。

市场上有新能源汽车将动力蓄电池布置于行李舱位置，导致动力蓄电池在遭受追尾事故中没有足够的空间抵抗撞击，且在碰撞过程中容易发生位移，导致损坏如图 1-18 所示。

图1-16　动力蓄电池位置

图1-17　动力蓄电池低于车辆底大边

图1-18　动力蓄电池布置位置差异

4. 高压部件高度集成化

目前新能源汽车发展趋势是对高压部件进行高度集成化（图1-19），将主要的高压部件电机控制器、DC-DC变换器、高压配电单元等部件集成在一个总成内，车辆一旦发生碰撞，高压部件受到损伤，赔付成本大幅增加。

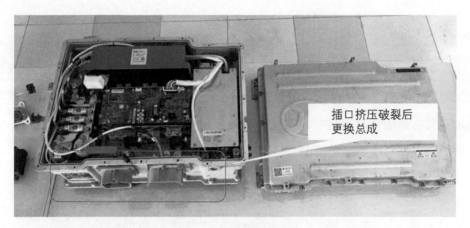

图 1-19　高压部件集成化

5. 配件不单独提供

大量的新能源汽车高压配件主要以总成的方式供货，但是车辆在事故中往往受损部位主要为插口、支架等部位。如图 1-20 所示，充电口支架不能单独提供，需要和快充线束一起更换，相比较费用有较大的增加。

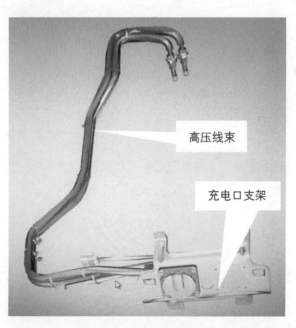

图 1-20　充电口支架不单独提供，导致只能更换总成

6. 安全问题

少数新能源汽车发生碰撞事故后，车辆存在漏电风险。因此，在给新能源汽车定损时更要注意安全。个别品牌新能源汽车的快充充电口在不充电的状态下，依然存在高压电。有的新能源汽车充电口在前中网处（图1-21），位于防撞梁的前部，发生碰撞事故时极易出现漏电的情况，从而造成车辆受损和人员伤害。

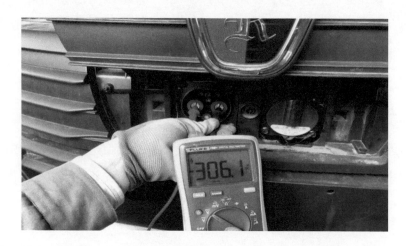

图1-21 充电口安全问题

1.5 新能源汽车车型识别

新能源汽车车型可以通过车辆的铭牌、车牌和一系列标志来判定新能源车的种类。

1. 按车牌号码识别

新能源汽车车牌分为小型新能源汽车车牌和大型新能源汽车车牌。新能源汽车车牌的外廓尺寸为480mm×140mm，其中小型新能源汽车车牌为渐变绿色，大型新能源汽车车牌为黄绿双色。

为更好实施国家新能源汽车产业发展及差异化管理政策，新能源汽车车牌按照不同车辆类型实行分段管理，字母"D"代表纯电动汽车，字母"F"代表非纯电动汽车（包括插电式混合动力和燃料电池汽车等）。小型汽车车牌中"D"或"F"位于号牌序号的第一位（图 1-22），大型汽车号牌中"D"或"F"位于号牌序号的最后一位。

与普通汽车车牌相比，新能源汽车车牌号码增加了 1 位，如原传统车牌"粤 B·D1234"升位至"粤 B·D12345"。升位后，号码编排更加科学合理，避免了与普通汽车车牌"重号"，有利于在车辆高速行驶时更准确辨识。

图 1-22　新能源汽车车牌及标识

2. 按铭牌识别

（1）纯电动汽车

纯电动汽车的车辆铭牌中，车辆型号会有"EV"字段，车辆尾部有电动汽车标志。同时，车辆的铭牌为绿色，如图 1-22 所示。注意：早期电动车依然使用蓝色铭牌。蓝色牌照要参照铭牌识别方法，见图 1-23。

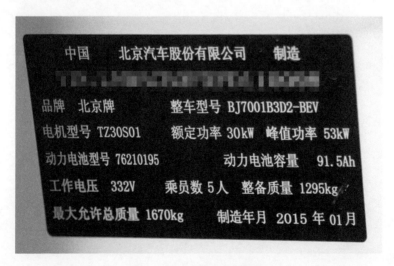

图 1-23　纯电动汽车铭牌

（2）插电式混合动力汽车

插电式混合动力汽车车辆铭牌中会有"HEV"字段（图1-24），同时车辆车身上依然会有"PHEV"标识。与纯电动汽车相同，插电式混合动力汽车也可以使用绿色新能源铭牌，但依然有部分插电式混合动力汽车使用普通蓝色铭牌。

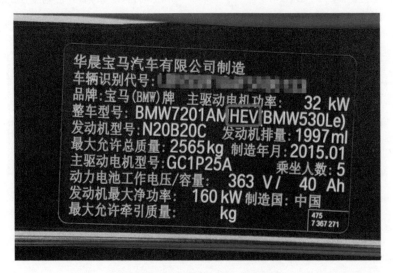

图1-24 插电式混合动力汽车铭牌

新能源汽车保险
事故查勘定损指南

第 2 章
高压安全与防护用具

新能源汽车保险
事故查勘定损指南

2.1 高压基础知识

1. 安全电压

(1) 电压

1) GB/T 2900.50—2008《电工术语 发电、输电及配电 通用术语》规定：电压等级在 1000V 以下者为低压设备，电压等级在 1000V 及以上者为高压设备（非电动汽车专用）。

2) GB/T 18384—2020《电动汽车安全要求》规定见表 2-1。

A 级电压

最大工作电压小于或等于 30 V 交流，或小于或等于 60 V 直流的电力组件或电路，可理解为电动汽车的低压。

B 级电压

最大工作电压大于 30 V 交流，且小于或等于 1 000 V 交流，或大于 60 V 直流，且小于或等于 1 500 V 直流的电力组件或电路，可理解为电动汽车的高压系统。

表 2-1 电压等级 （单位：V）

电 压 等 级	最大工作电压	
	直 流	交 流
A	$0 < U \leqslant 60$	$0 < U \leqslant 30$
B	$60 < U \leqslant 1500$	$30 < U \leqslant 1000$

（2）电流

电流通过人体会引起麻痹感、针刺感、压迫感，会造成呼吸困难、血压异常、心律不齐、心室颤动等症状。

按照通过人体电流大小的不同，以及人体呈现状态的不同，可将电流分为感知电流、摆脱电流和致命电流。

感知电流：引起人感觉的最小电流，为1mA。

摆脱电流：人触电后能自主摆脱电源的最大电流，为10 mA。

致命电流：指在较短的时间内危及生命的最小电流，为50 mA。

计算安全电流：

假设当电压为220V时，人体电阻为2000Ω，由欧姆定律可知：电流＝电压/电阻。

$I = U/R = 220V /2200\Omega = 110$ mA   "十分危险"

假设当电压为36V时，人体电阻为2000Ω，

$I = 36V/2000\Omega = 18$ mA   "安全电压"

如果刚洗过手或出过汗，人体电阻约为500Ω，假设电压为36V：

$I = 36V/500\Omega = 72$ mA   "十分危险"

因此，安全电压是一个相对的概念，在不同的工作环境下，安全电压的大小也不相同，具体见表2-2。

表2-2　相对安全电压等级

项 目	数 值
一般场所安全电压	36V
潮湿场所安全电压	24V
特别潮湿、金属容器的安全电压	12V
德国电工协会的相关规定： 　25V以上的交流电和60V以上的直流电，就对人构成威胁	
日本电气协会制定的低压电路的接地故障保护准则规定： 　典型人体中的容许接触电压为50V或以下	

（3）绝缘电阻

GB/T 18384—2020《电动汽车安全要求》规定，绝缘电阻要求：

在最大工作电压下，直流电路绝缘电阻的最小值应至少大于 $100\Omega/V$ ，交流电路应至少大于 $500\Omega/V$。

整个电路为满足以上要求，依据电路的结构和组件的数量，每个组件必须有更高的绝缘电阻。设计时要考虑：人体电阻约为 $1000\sim3000\Omega$；潮湿的情况下，人体电阻约为 $500\sim800\Omega$。

2. 电位均衡、强磁设备干扰

（1）电位均衡

电气设备的外露可导电部分之间电位差应最小化。

带电部件外壳与车身（人可接触部位）有专用的连接线束（搭铁线），以确保电阻低于 0.1Ω。

GB/T 18384—2020 中规定，所有组成电位均衡电流通路的组件（导体、连接部分），应能承受单点失效情况下的最大电流。

电位均衡通路中，任意两个可以被人同时触碰到的外露可导电部分之间的电阻不应超过 $0.1\ \Omega$。

（2）强磁设备干扰

因新能源汽车使用了带有强磁性的设备，可产生强磁场，对佩戴有生命支持设备的查勘定损员可能造成危险。以下是典型电动汽车维修手册中关于强磁性部件的警告内容。

1）日产新能源汽车

关于高压系统操作人员要求

- 本车辆使用了带有强磁性的零件。
- 使用医用电器设备（例如心脏起搏器）的操作人员，切勿执行该车辆的维修作业，这是因为当他靠近这些零件时，其磁场会影响电器设备的运转。

正常充电时的注意事项

- 如果操作人员使用了医用电器设备（例如移植心脏起搏器或移植心律转复除颤器），在开始充电操作前，必须先由设备制造商检查对设备可能产生的影响。

- 因为正常充电操作下，电源分配模块产生的辐射电磁波可能会影响医用电器设备，使用医用电器设备（例如移植心脏起搏器或移植心律转复除颤器）的操作人员，在正常充电操作期间，不准在电机盖打开的状态下靠近前机舱的电源分配模块（PDM）。

2）奥迪新能源汽车

高压电技术之"电气危险"章节

- 在靠近开启的电机或者高压系统的地方逗留时，可能会对电子生命辅助系统造成负面影响。这些负面影响首先包括：体内的镇痛泵、植入的除颤器、心脏起搏器、大脑起搏器、胰岛素泵、助听器等。

- 在体外或体内使用此类仪器的员工将要面对很高的健康风险，这种风险也可能会导致死亡！

3. 剩余电荷

纯电动车型或混动车型切断电源后，高压系统仍然存在一定的剩余电压，因为大电荷设备、电容器等仍与所切断的电路相连接。可采用电容器放电（需要专用设备）、拔出电源插头等待 10min 以上等方法，让电荷自动释放完毕。

使用电压检测仪确认每个端子上是否仍然存在残余电荷，并且完成放电后方可起动工作。

荣威 ERX5 电荷释放

注意：正常情况下，在点火开关关闭后，高压系统还存在高电压，这是因为电力电子箱中高压电容的存在造成的。需要经过至少 10min 的等待，高压电容中的电荷才能完全释放。

2.2　电击对人体的伤害及触电急救

1. 电击对人体的伤害

1）休克效应：触电导致的人员休克或因休克而失控，以及触电后导致人员无法保持平衡而产生的受伤危险。

2）热效应（高电压）：电流导入及导出位置的灼伤和碳化，以及内部灼伤。后果则是肾脏过载，可能导致死亡。

3）化学效应：血液和细胞液是电解质，可以被电解。后果则是严重中毒，而此危害只有在数天后才能被发觉，所以其潜伏性很强。

4）刺激肌肉效应：人体所有的功能和肌肉运动都是由大脑通过对中枢神经系统的电刺激来控制的。当人体遭受过高的贯通电流后，会造成肌肉痉挛，大脑无法再对肌肉组织施加影响。

2. 触电急救

(1)　触电急救的注意事项及要点

注意事项：

- 根据相关资料指出，触电后1min内抢救，90%有良好效果；触电急救黄金时间是4min内，如果在4min内没有做有效的心肺复苏，病人抢救过来的概率会大打折扣；触电12min后才开始救治伤者，救活的可能性就很小了。

- 人触电后，可能由于痉挛、失去知觉或中枢神经失调而抓紧带电体，不能自行脱离电源。帮助触电人尽快脱离电源是施救的首要因素。

- 未切断电源之前，抢救者切忌直接去拉触电者，这样自己也会因立即触电而受伤。

操作要点：

1）动作迅速，救护得法，切不可惊慌失措。

2）使用绝缘物体尽快地使触电者脱离电源，然后根据触电者的具体情况进行相应的救治。

3）如果触电者出现神经麻痹、呼吸中断、心脏停止跳动的现象，应迅速而持久地进行抢救，不可轻率中止抢救。

（2）急救操作步骤

1）脱离电源

- 关闭电源开关。
- 可用干燥的衣服、手套、绳索、木板、木棒等绝缘物作为工具，拉开触电人、拉开或挑开电线。
- 可用带有绝缘柄的电工钳、剪刀或用有干燥木柄的斧头等切断电线。
- 如果触电人的衣服是干燥的，又没有紧缠在身上，可抓住他的衣服，拉动人体使他脱离电源。

2）急救

- 人工呼吸：捏住其口鼻，口对口，吹 1s 放松 5s，每分钟约 10 ~ 12 次。
- 胸外按压法：双手交叉叠起，以手掌根部压在两乳头连线与胸骨交界处。下压的深度约为 4 ~ 5cm。每分钟约 100 次左右。
- 如果触电人伤势严重，应立即实施人工呼吸和胸外按压法急救，并同时请医生救治并呼叫救护车送往医院。

2.3　查勘专用工具、安全防护装备的使用与应急处理

1. 查勘专用工具准备及操作方法

查勘员进行现场查勘时，除需准备一些在传统燃油车出险现场应该携带的灭火器、消防锤、蓄电池连接线等工具外，还应准备好绝缘防护装备及电测量设备，以做好安全防护及故障检测的准备，见表 2-3。

表 2-3　新能源查勘携带的绝缘防护及测量设备

序号	名称	备注	图示
1	高压警示牌	对新能源汽车进行查勘操作前须在车辆旁摆放高压警示牌，提示非操作人员远离事故车辆，注意高压危险	
2	绝缘手套	绝缘手套必须符合国标 GB/T 17622-2008《带电作业用绝缘手套》，防护电压在 1000V 以上，可防止触电伤害	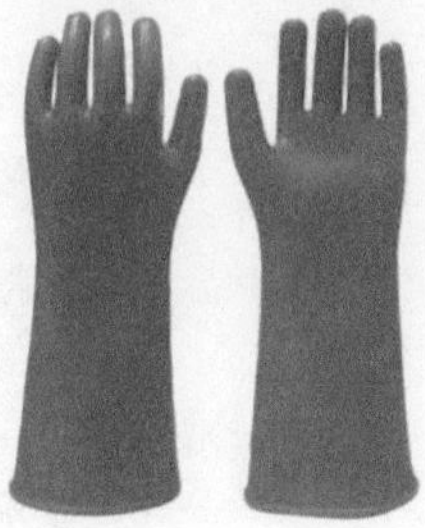
		使用前，需检查手套是否有损伤，可采用目视和压气法对绝缘手套进行检查	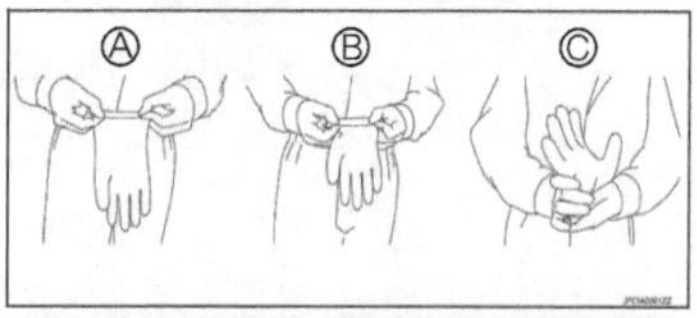
3	皮手套	与绝缘手套配合，防止割裂 使用前需检查皮手套是否有损伤	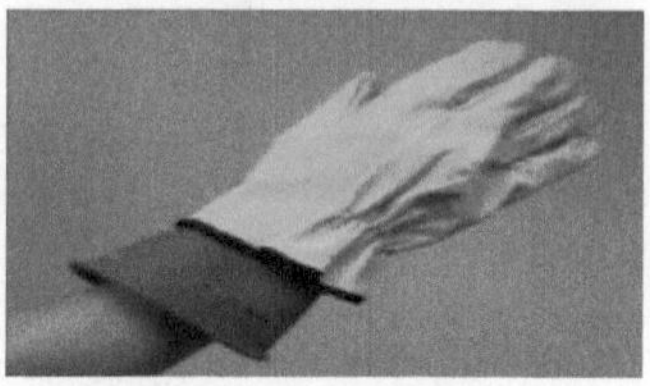
4	试电笔	试电笔可以检测部件外壳是否带电，便携带易操作	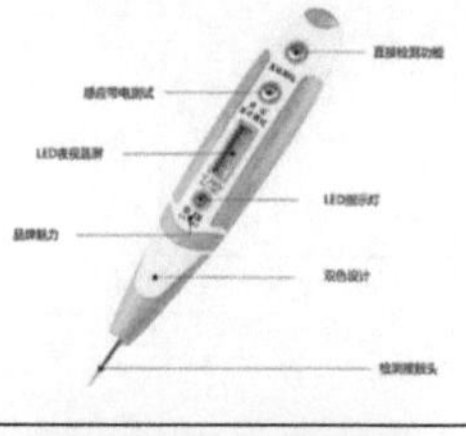
5	万用表	万用表可以测量直流电压（DCV）、交流电压（ACV）、直流电流（DCA）、交流电流（ACA）、电阻 Ω、电容等参数	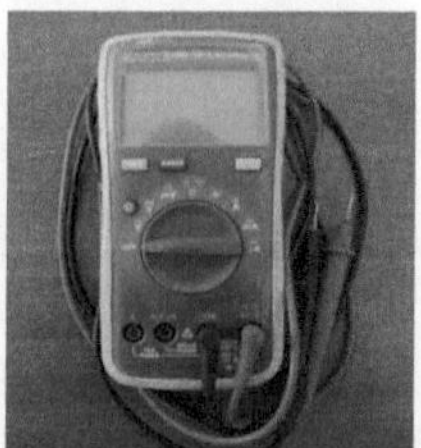

（续）

序号	名称	备注	图示
6	兆欧表	测量绝缘电阻值	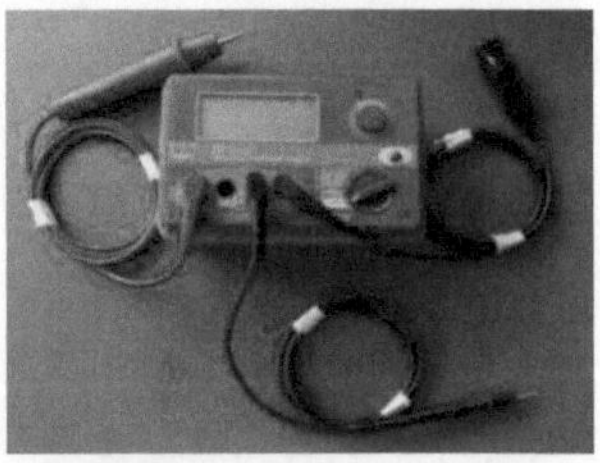
7	绝缘鞋	须符合国标 GB 12011—2009《足部防护 电绝缘鞋》，可防止事故撞击后漏液导电 　　使用前需检测绝缘鞋是否有损伤，目视检查绝缘安全鞋有无破孔、钉子、金属片、磨损或其他鞋底问题	 
8	绝缘工作服	用于水淹车、较严重事故车辆查勘，使用前需检查工作服有无损伤	
9	绝缘胶带	耐压 1000V 以上 　　维修切断开关拆卸后密封接口用	

（续）

序号	名称	备注	图示
10	常用绝缘工具	耐压 1000V 以上，使用前检查绝缘部分不能有破损 可根据需要选择其中部分工具。如：常用拆装 12V 蓄电池正负极桩头 10 号扳手	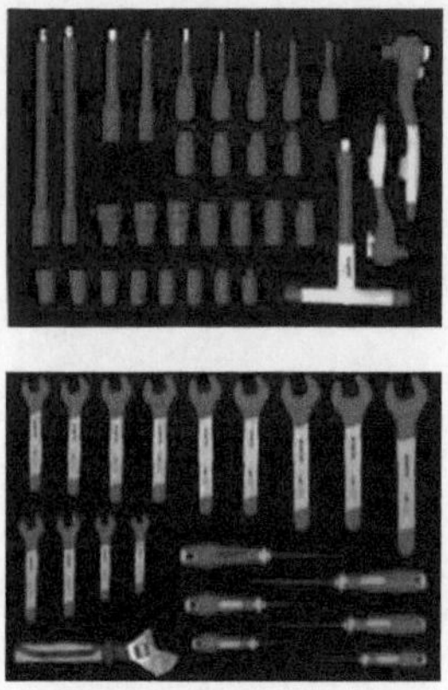

2. 电测量仪器的使用方法

在查勘新能源汽车事故过程中，使用适当的电测量仪器是十分必要的。它不仅可以用来检测事故车的状态，还可以用来提醒提示以及保护查勘操作人员。在使用以下电测量仪器时，请先穿戴好绝缘防护用品。

电测量仪器具体使用操作方法如下。

（1）液晶显示试电笔使用方法

作用：测试车身是否带电。

此功能仅作为参考使用。数字式试电笔利用其"感应带电功能"测试车身是否存在电压，此功能在潮湿环境、空气中带有大量带电粒子时可能会不准确。

当车辆发生事故后，可能会造成高压部件损伤，导致车身漏电，使用试电笔可简单、直观的检测车身是否带电。

判断标准：显示屏无"闪电" ⚡ 标志，则属正常。

显示屏有"闪电" ⚡ 标志，则存在漏电现象。

处理方法：如有漏电情况发生，需远离车辆，通知相关专业人员处理。

以世达 60602 数显式试电笔为例，其使用方法为：

　　手指（不佩戴绝缘手套）按压住数字式试电笔（图2-1、图2-2）的感应电测试按钮（不是直接测试按钮），用表笔测试车身金属裸露位置（如轮毂、制动盘、车架）并保持3~5s，如显示屏上显示"闪电"的标志即为车身带电（交流/直流均可测试，均显示）。

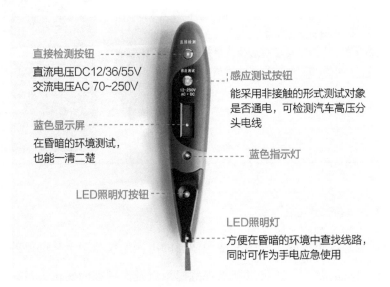

直接检测按钮
直流电压DC12/36/55V
交流电压AC 70~250V

感应测试按钮
能采用非接触的形式测试对象是否通电，可检测汽车高压分头电线

蓝色显示屏
在昏暗的环境测试，也能一清二楚

蓝色指示灯

LED照明灯按钮

LED照明灯
方便在昏暗的环境中查找线路，同时可作为手电应急使用

图2-1　世达60602数显试电笔

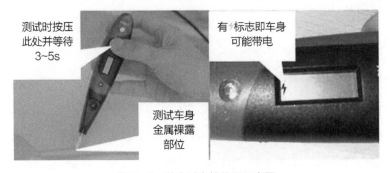

测试时按压此处并等待3~5s

有⚡标志即车身可能带电

测试车身金属裸露部位

图2-2　数字试电笔使用示意图

（2）万用表使用方法

　　功能：测试电器元件电阻、电容、交/直流电压、电流等，以检测高压部件的状态。

　　在车辆定损中对高压部件的电路/电器元件进行检测，可通过读取电阻、电容、交/直流电压、电流的检测数值，判断部件是否损坏。

检测结果：需对照维修手册判断电阻、电容、交/直流电压、电流等数值是否在正常范围。

处理方法：对不符合维修手册要求的配件，予以修复或更换。

以"福禄克15B+"简易式万用表（图2-3）为例，分别介绍交流电压、直流电压以及电阻的测量方法。

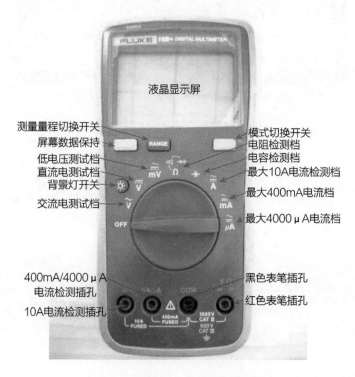

图2-3　福禄克15B+简易式万用表

1）直流电压的测量（见表2-4）

①将正负极表笔插进相应测试孔，黑表笔插进"COM"孔，红表笔插进"V Ω"孔，见表内编号"5"和"10"。

将测试档位选择至直流测试档"$\overline{\text{V}}$"见"7"，查看显示屏应显示 VDC 见"6"。

②将红黑两个测试表笔分别连接至电池的正负极见"4"和"9"，待数据稳定读取测量值，测量值为23.54V。

表2-4　某品牌电池模组直流电压测量

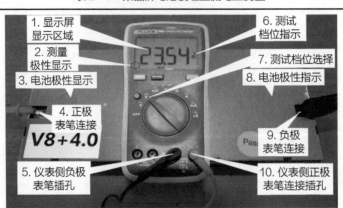

编　号	功　能	解　释
1	显示屏显示区域	可显示测量的电压数据
2	测量极性显示	分为无显示和"-"两种。测量直流电压时： 无显示时说明表笔极性正确，红色表笔为正极，黑表笔为负极；显示为"-"时说明表笔极性相反，红色表笔为负极，黑色表笔为正极
3	电池极性显示	电池一般会显示极性，"+"正极
4	正极表笔连接	电池极性有标识的，按照红色表笔接正极。如果没有极性标识，根据本表格"2"中，确认极性
5	仪表侧负极表笔插孔	进行测试前，将负极表笔（黑色）插入"COM"孔
6	测试档位指示	根据测试档位选择显示相应数据，如选择直流，显示"VDC"；选择交流档，显示"VAC"
7	测试档位选择	根据需要选择相应档位，如测试直流选择"$\overline{\overline{V}}$"；测试交流选择"$\tilde{V}$"
8	电池极性指示	电池一般会显示极性，"-"负极
9	负极表笔连接	电池极性有标识的，按照黑色表笔接负极。如果没有极性标识，根据本表格"2"中说明确认极性
10	仪表侧正极表笔连接插孔	进行测试前，将正极表笔（红色）插入"VΩ"孔

2）交流电压的测量（见表2-5）

①将正负极表笔插进相应测试孔，黑表笔插进"COM"孔，红表笔插进"VΩ"孔，见表内编号"3"和"6"。

将测试档位选择至交流测试档"$\tilde{V}$"见"2",查看显示屏应显示 VAC 见"4"。

②将红黑两个测试表笔分别连接至电池的正负极见"5",待数据稳定读取测量值,测量值为 222.4V。

表 2-5 插排交流电压测量

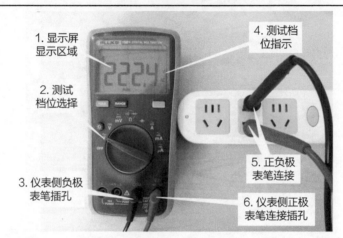

编 号	功 能	解 释
1	显示屏显示区域	可显示测量的电压数据
2	测试档位选择	根据需要选择相应档位,如测试直流选择"$\overline{\overline{V}}$";测试交流选择"$\tilde{V}$"
3	仪表侧负极表笔插孔	进行测试前,将负极表笔(黑色)插入"COM"孔
4	测试档位指示	根据测试档位选择显示相应数据,如选择直流档,显示"VDC";选择交流档,显示"VAC"
5	正负极表笔连接	正负极表笔测试时不区分正负极
6	仪表侧正极表笔连接插孔	进行测试前,将正极表笔(红色)插入"V Ω"孔

3)电阻的测量(见表 2-6)

①将正负极表笔插进相应测试孔,黑表笔插进"COM"孔,红表笔插进"V Ω"孔,见表内编号"4"和"8"。

将测试档位选择至电阻测试档见"3",选择常规模式见"6",查看显示屏应显示见"1"。

②正负表笔连接至灯泡两端子,等待数据稳定,读取电阻值为 5.24kΩ。

表2-6 室内灯电阻测量

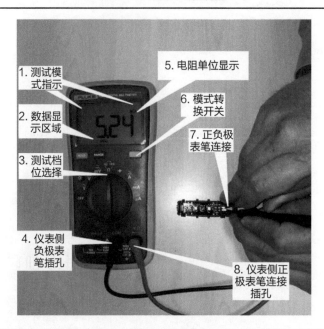

编号	功能	解释
1	测试模式指示	根据模式转换开关而显示相应模式符号 无显示：常规测量电阻模式，低电阻时无特别提示 ⑷)) 蜂鸣器符号：转换至此档位，电阻值低于20Ω，蜂鸣器启动。显示屏左上角显示 →← 二极管符号：转换至此档位，可测试二极管状态好坏。显示屏右上角显示
2	数据显示区域	根据显示的数据加电阻单位即为测量值
3	测试档位选择	选择电阻测试档
4	仪表侧负极表笔插孔	进行测试前，将负极表笔（黑色）插入"COM"孔
5	电阻单位显示	单位分为Ω、kΩ、MΩ
6	模式转换开关	进行常规测量、蜂鸣器模式、二极管模式的转换
7	正负极表笔连接	根据所选档位连接表笔，本图测试的灯泡，两表笔不做区分
8	仪表侧正极表笔连接插孔	进行测试前，将正极表笔（红色）插入"VΩ"孔

注意：无论测量电压还是电阻，都要注意人身安全，不要随便用手触摸表笔的金属部分。

（3）兆欧表使用方法

功能：检测高压部件是否漏电。

判定依据：参考电压、绝缘电阻、电流的测量方法。具体要求在维修手册中有明确标注。

处理方法：兆欧表检测一般由维修厂专业人员操作，定损员只需确认操作步骤及检测数值的准确性，以避免产生争议。一旦绝缘值出现异常，应严格按照维修手册规定的诊断步骤进行排查。

操作步骤：

以"多一 DY30"兆欧表为例进行操作步骤演示（见图 2-4）。

图 2-4 多一 DY30 兆欧表

该型号兆欧表主要有两个功能：一是兆欧表可发送出 500V、1000V、2500V 的三个档的直流电对高压部件进行绝缘电阻值测试；二是检测最高 600V 的交流电。

虽然兆欧表发送的电压很高，但电流极小，不会对人体造成伤害。本节仅描述绝缘电阻值的测试方法，其具体使用步骤如下。

1）兆欧表端线束连接

- 将带高压测试棒的测试线（红色）的插头插入兆欧表的"L"端插孔，"L"表示相线，与被测物同大地绝缘的导电部分相接，见图 2-5。
- 将带测试夹的测试线的插头插入兆欧表的"E"端插孔，"E"表示接地，与被测物体外壳或接地部分相接。
- 将带表笔的测试线插头插入兆欧表的"G"端插孔，"G"表示屏蔽，与被测物体保护遮蔽部分相接或其他不参与测量的部分相接。

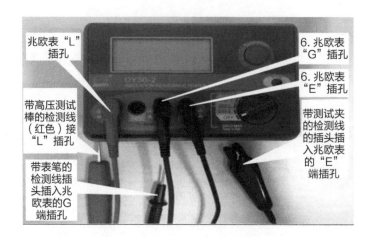

图2-5 兆欧表线束连接示意图

2）连接测试部件

● 将兆欧表"L"端插孔的接线（带高压测试棒）与母线/接头连接，见图2-6。

● 将兆欧表"E"端插孔的接线（带测试夹）与地线连接。

● 将兆欧表"G"端插孔的接线（带表笔）与被测对象的外壳连接，以防止表面泄漏影响测试阻抗。

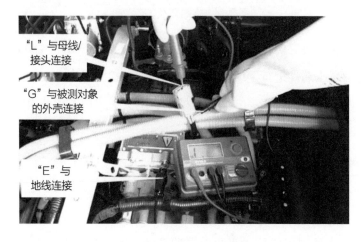

图2-6 兆欧表测试示意图

3）额定电压档位选择。选择绝缘电阻测试所需要的额定电压，将旋钮转到相应电压档。

4）读取数值。连接好所有插孔后，按下高压开关的（TEST/STOP），此时红色指示灯点亮，表示测试高压输出已经接通，测试开始。等待数字显示屏显示的数据接近稳定，液晶显示屏的数值即为绝缘电阻值，见图 2-7。

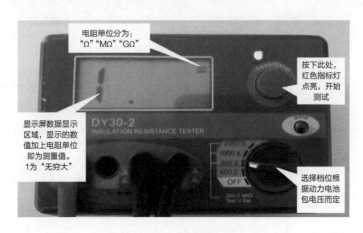

图 2-7　兆欧表数值读取

电动汽车绝缘电阻值标准值：直流不小于 100Ω/V，交流不小于 500Ω/V。一般情况下，电动汽车高压线及高压部件绝缘电阻值高于 2MΩ，即为正常。

3. 灭火器操作

初期火灾选用干粉、二氧化碳或水基灭火器，**不可选用泡沫灭火器**，因为泡沫灭火器导电。推荐使用水基灭火器，因其污染小。

灭火器的使用：

- 拿起灭火器，拔下安全销，一手压下压把，另一手握住胶管，对准起火点根部喷射，直至火焰熄灭。
- 人和所带的器材与电体之间应保持足够的安全距离，干粉、二氧化碳或水基灭火器喷嘴与带电体距离不得少于 0.4m。

4. 漏液处置

1）当出现除电解液外的其他油液泄露时，建议采用传统燃油车辆处理方式。

2）电解液泄漏时，可能有大量有毒气体溢出，需注意安全，尽快撤离。有条件时佩戴呼吸防护装备，并控制外部火源，避免电解液被点燃，见表2-7。

表2-7 电解液泄漏救助办法

序　号	电解液泄漏救助办法
1	当与皮肤接触时，使用大量清水冲洗
2	当吸入气体时，则需要大量的新鲜空气
3	当与眼睛接触时，使用大量清水冲洗（最少10min）
4	当吞咽电池电解液时，需要大量喝水，但必须避免呕吐
5	寻找医生救助

2.4 维修开关及其操作方法

在新能源汽车事故的处理过程中，若出现高压部件受损，为保证人身及车辆安全，必须断开维修开关（Manual Service Disconnect，MSD），再进行操作。因此，作为现场查勘人员掌握维修开关的操作方式是十分必要的。

很多情况下受条件限制，在事故现场不能进行维修开关的断开操作，也需要在关闭点火开关，等待10min后，断掉12V低压电池正极或负极。因为大多数新能源汽车在关闭点火开关后，高压已经切断对外输出供电，此时高压系统无电压。但是部分高配车型，当整车控制器检测到12V低压蓄电池亏电时或者配置有空调定时器的车辆，会启动高压系统（锁车状态也会启动），通过DC-DC变换器对12V低压电池进行充电或者通过远程控制启动空调调节车内温度，配置有车联网系统的车辆更需注意。这时高压系统是有电的。只有在点火开关关闭的情况下，拆除12V低压电池正极或负极，彻底切断通信，才能最大限度降低可能发生的潜在风险。

1. 维修开关的定义及作用

维修开关的定义：为了保护在高压环境下操作人员的安全或应变某些突发的事件，可以快速分离高压电路的连接，使维修等工作处于一种较为安全状态的装置。

维修开关的作用：

①维修高压系统部件时，切断动力蓄电池的输出电压，保护相关人员安全。

②动力蓄电池进行充放电时，如发生过充、过放或短路情况，维修开关会熔断，用于切断动力蓄电池输入输出。

2. 维修开关的分类

维修开关类型大致分为三种：

①专用维修开关，安装在电池包壳体。通过断开维修开关从而切断动力蓄电池电力输出，然后通过车辆仪表或测量电压方式确定无电压。例如：江淮 IEV5、日产轩逸、荣威 ERX5、Ei5、威马 EX5 车型。

②专用维修开关，未安装在电池包壳体，根据不同车型安装在其他位置。可拆卸此维修开关，然后通过车辆仪表或测量电压方式确定无电压。例如：帕萨特 PHEV、宝马 i3、小鹏 G3 车型。

③无专用维修开关，可通过拆卸动力蓄电池包的低压控制线束的方式，达到切断高压的目的。例如：特斯拉 Model 3 车型。

或通过直接拔掉高压输出插接件切断电池包电力的输出，然后通过车辆仪表或测量电压方式确定无电压：例如：腾势车型。

3. 部分车型维修开关的位置分布

新能源汽车动力蓄电池包的维修开关分布位置很多，有些车型布置在后排座椅地毯中间位置或在后排座椅下方，有些车型同动力蓄电池一同布置在行李舱内，有些车型布置在前机舱内，见表 2-8。

表 2-8　部分新能源车型维修开关布置位置

品牌	车型	维修开关位置	图示
荣威	ERX5 EV	后排左侧座椅下方	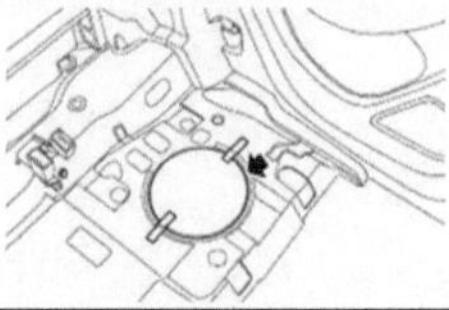

（续）

品　牌	车　型	维修开关位置	图　示
荣威	Ei5 EV	后排座椅座垫中间位置	
日产启辰	晨风、D60 EV	后排座椅地毯中间位置	
	轩逸 EV	后排座椅地毯中间位置	
比亚迪	秦 PHEV	2016 款前车型在后排座椅靠背后	

（续）

品　牌	车　型	维修开关位置	图　示
上汽大众	帕萨特 PHEV	前机舱防火墙中部靠左	
	途观 PHEV	前机舱防火墙中部靠左	
宝马	i8 PHEV	前机舱 12V 低压电池旁	

（续）

品 牌	车 型	维修开关位置	图 示
宝马	i3EV& 增程式 EV	前机舱左前副水箱旁	
腾势	腾势 EV	前机舱防火墙侧中部靠右，电机控制器两插输入端	
江淮	iEV4 EV	行李舱后，打开行李舱盖板	

（续）

品　牌	车　型	维修开关位置	图　示
江淮	iEV5 EV	后排座椅地毯中间位置	
广汽传祺	GE3　EV	后排座椅中间位置（需要掀起座椅）	
小鹏	G3 EV	机舱内电机控制器前方	
威马	EX5　EV	副驾驶员脚部地毯下（需掀起地毯，取下盖板）	

（续）

品牌	车型	维修开关位置	图示
特斯拉	Model 3	后排座椅右侧位置（需要掀起座椅）	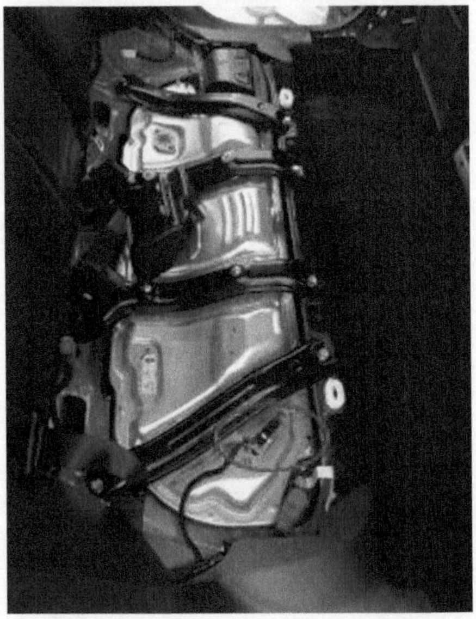

注：随车型不断更新，维修开关位置可能会有变化。

4. 部分车型维修开关操作方法

在查勘新能源汽车时，当观察到高压部件受到撞击或者仪表有高压系统故障指示的情况时，需要对高压部件进行检查操作，在此之前务必切断动力蓄电池维修开关。部分车型的动力蓄电池维修开关断开步骤如下。

(1) 启辰晨风

位置：维修开关在后排座椅地毯中间位置。

准备：关闭点火开关，等待 5min 以上，见表 2-9。

表 2-9 启辰晨风汽车维修开关断开步骤

步骤	描述	示意图
1	打开机盖，断开蓄电池负极	

（续）

步　骤	描　述	示 意 图
2	将后排中央通道的地毯的截面翻转过来，可看到检修孔罩	
3	将检修孔罩拆下来	
4	戴上电绝缘手套，按下锁扣 1，解锁，按 2 所示向上提绿色开关取下维修开关	

（2）荣威 ERX5

位置：维修开关位于左后座椅下方。

准备：关闭点火开关，车辆静置 5min 以上方可进行。

注意：正常情况下，在点火开关关闭后，高压系统还存在高压电，这是因为电力电子箱中高压电容的存在造成的。需要经过一段时间的等待，高压电容中的电能才能完全释放，见表 2-10。

表 2-10　荣威 ERX5 汽车维修开关断开步骤

步　骤	描　述	示 意 图
1	拆下前储物盒（位于前机舱内）左侧盖板，断开蓄电池负极	  拆卸左侧盖板 拆卸蓄电池负极
2	拆下手动维修开关防护盖（位于左后座椅下方），即可看到维修开关	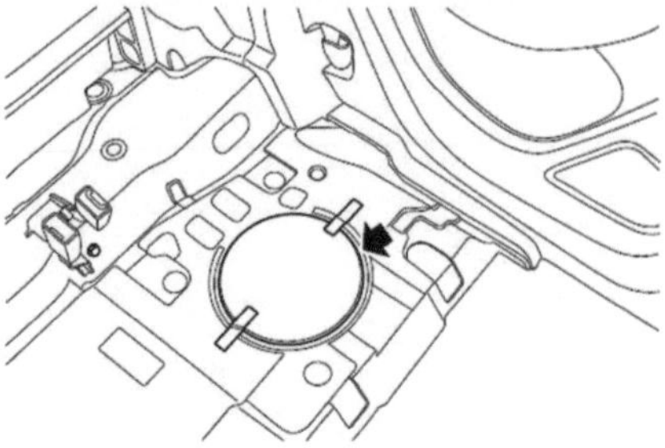

（续）

步 骤	描 述	示 意 图
3	• 按下手动维修开关的锁紧扣，向上旋转止动杆进行一级解锁 • 止动杆旋转到二级锁时（大约45°）再次按下手动维修开关锁紧扣进行二级解锁 • 继续旋转止动杆到直立（大约90°） • 向上拉出手动维修开关	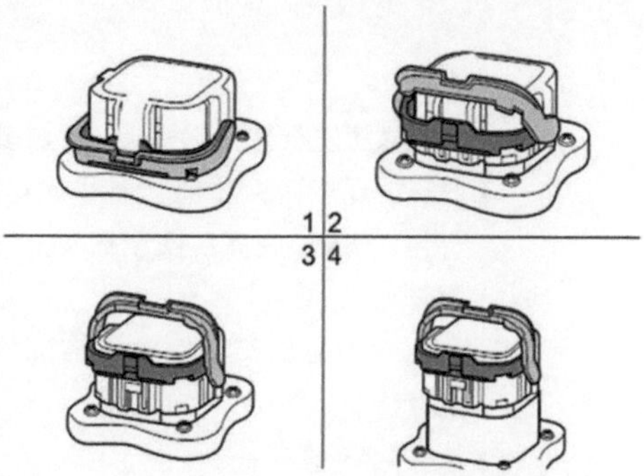
4	将专用工具 TEL00022 安装到手动维修开关底座上，或者使用防水绝缘胶带密封	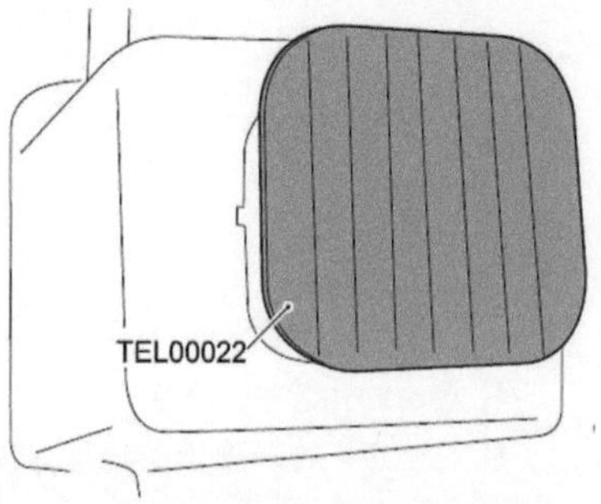

(3) 宝马 i3

位置：维修开关在左前纵梁上部，左前照灯后方。

准备：关闭点火开关，等待 3min 之后进行维修开关的断开操作，见表 2 - 11。

表 2 - 11　宝马 i3 汽车维修开关断开步骤

步 骤	描 述	示 意 图
1	打开前机舱盖，移除盖板①	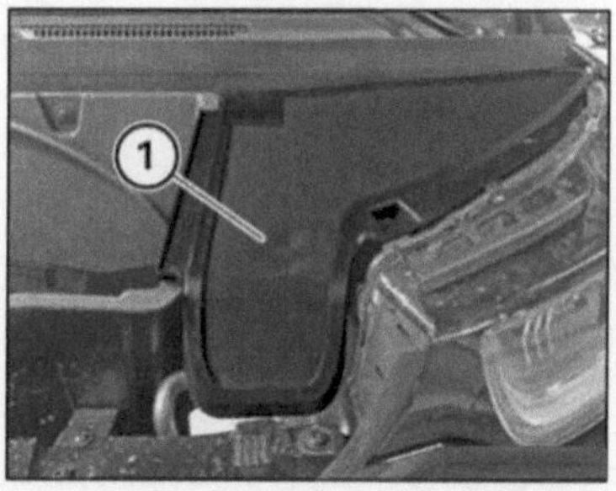

（续）

步　骤	描　述	示意图
2	将高压安全插头①解锁，并将其拉出，直至插头和轴套上②通畅。标记"OFF"在高压安全插头上可以看到 　注意：高压安全插头不能完全脱开	
3	将U形锁①嵌入高压安全插头上漏出的孔②中并闭合 　注意：将环形锁的钥匙保管在安全的位置	
4	确定无电压打开点火开关，并检查组合仪表（KOMBI）是否无电压	

2.5　事故车辆救援

当事故导致车辆无法行驶、需要救援时，因新能源汽车车结构与传统汽车不同，为避免在施救过程中可能发生的漏电、起火等意外情况，尽可能降低车辆、人员损伤，建议进行以下操作。

注意：操作时要佩戴绝缘防护装备。

1. 车辆无法启动时的施救

事故导致动力蓄电池、高压部件受损时，车辆无法行驶需要施救。拖车前建议关闭点火开关，断开 12V 蓄电池负极及维修开关等装置。此时，如果存在车辆无法脱离 P 档、电子驻车制动无法解除等情况，联系专业人员进行处理。

新能源车辆因 12V 蓄电池亏电时，动力蓄电池有电车辆也可能无法启动。施救时采取与传统车辆相同的跨接搭电的方式启动车辆。跨接方式与传统车相同，不再赘述。

2. 起火状态下的施救

在道路上发生事故的车辆起火时，由于施救条件的局限性，应首先保证人员安全，疏散人群，疏导车辆，并拨打消防救援电话。

在充电场所发生的车辆起火事故，条件允许时首先切断充电设备电源。在火势较轻时选用干粉、二氧化碳或水基灭火器，不可选用泡沫灭火器。

3. 水淹现场的施救

在水淹现场救援时，应穿好绝缘防护服，疏散人群远离水域，等待专业救援。

4. 拖车时的注意事项

拖运车辆前，请将点火开关关闭，并等待 10min。戴上电绝缘手套，断开 12V 蓄电池负极和维修开关。

拖运车辆时，建议采用平板拖车，避免车轮旋转造成车辆不必要的损失。

5. 停放时的注意事项

新能源车辆结构与传统车辆不同，由于严重的碰撞事故导致车辆动力蓄电池损伤，车辆存在扩大损失的潜在风险，在停放时应注意以下事项：

1）尽量选择室外场地停放并进行遮盖。

2）与其他车辆和建筑至少保持 15m 距离。

3）动力蓄电池应与车辆分离放置。

4）车辆钥匙应远离车辆。

5）车辆四周设立警示标志。

新能源汽车保险
事故查勘定损指南

第 3 章
新能源汽车查勘

新能源汽车保险
事故查勘定损指南

现场查勘是证据收集的重要手段，是准确立案、查明原因和认定责任的依据。

查勘工作的首要任务是真实反映事故情况，本着实事求是的态度才可以确保理赔工作的公平、公正。真实性既是对查勘工作的要求，也是对查勘人员职业道德的要求。

交通事故事发突然，情况复杂，现场随时间推移会发生很大变化，所以要求查勘人员第一时间赶赴现场开展查勘工作，以免因时间推移而给保险人带来不必要的损失。

查勘员在勘查现场时，凡是与保险事故相关的场所、痕迹都要勘验；凡是与保险事故相关的人和事都要一一询问、调查；凡是对事故定性、定责、定损有价值的材料都要全面收集，凡是与事故有关的事实都要进行全面的分析。

3.1 查勘前的准备

由于新能源车辆结构与传统车辆结构的差异，新能源车辆现场查勘前的准备也应有所不同。

1. 确认被保险车辆信息

查勘员接到保险公司专线调度之后，首先通过抄单（机动车保险报案记录）信息了解被保险车辆的基本情况，包括厂牌型号、车牌号码、使用性质、使用年限、VIN 码和保险期限等。

机动车保险报案记录（抄单）如图 3-1 所示。查勘员可根据车辆的厂牌型号或号牌号码预先判断出险车辆是否为新能源汽车。新能源汽车的厂牌型号后缀往往标有 EV、HEV 等专有字符，具体识别方法详见第一章相关内容。

机动车保险报案记录（代抄单）

保险单号：	PDAA20191404000003××××		报案编号：	RDAA2020140400N00××××			牌照底色：蓝
被保险人：	山西××××科技有限公司		号牌号码：		晋DG××××		
厂牌型号：	特斯拉MODEL X 75D纯电动越野车		报案方式：	■95518 □传真 □上门 □其他			
报案人：	赵××	报案时间：2020年04月18日 11时11分	联系人：赵××		联系电话		186355×××××
出险原因：	碰撞	出险时间：2020年04月18日 11时06分	是否第一现场报案：□是 □否				
出险地点：	长治市城区工农巷北口海底捞		驾驶员姓名：		赵××	准驾车型：	
驾驶证初次领证日期：			驾驶证号：				
处理部门：	■交警处理 □保险公司 □其他部门		承保机构：长治市长治支公司营销业务一部			客户类别：	
VIN码：	5YJXCCE29HF0×××××		发动机号：		17A1136401 17A1136691L2 ××××	车架号：	5YJXCCE29HF0×××××
被保险人单位性质：			车辆初次登记日期：			27日04月2017年	已使用年限：2
新车购置价：	796800.00元		车辆使用性质：	非营业企业客车		核定载客6人 核定载质量0.000Kg	
保险期限：	自 2019年07月08日 0时0分 至 2020年07月07日 24时0分		车辆行驶区域： 中华人民共和国境内(不含港澳台)				车辆种类：客车
基本条款类别：		争议解决方式：诉讼	保险费：	5841.97元		签单日期：	03日07月2019年

绝对免赔约定金额：0.00元

约定驾驶	主驾驶员姓名：	驾驶证号码：		初次领证日期：
人员	从驾驶员姓名：	驾驶证号码：		初次领证日期：

序号	承保险别（代码）	保险金额／责任限额	序号	承保险别（代码）	保险金额／责任限额
1	机动车损失保险（M 0.00）	672499.20元	7		
2	第三者责任保险（M）	500000.00元	8		
3	机动车损失保险无法找到第三特约险	672499.20元	9		
4	不计免赔险（车损险）	0.00元	10		
5	不计免赔险（三者险）	0.00元	11		
6			12		

特别约定		
	26	本车车主为（长治市××××有限公司）。
	9920895	本保单被保险车辆，保单有效期内免费享受最多不超过5次，每次100公里道路救援服务（服务内容可包括送油、送水、送防冻液、搭电、拖车、更换轮胎、拖拽、充电）；免费享受最多不超过5次，累计最多不超过10天的发生保险事故后的代步车服务。

批改信息	批改日期	批单号	批改类型	保费变化值

保险出险信息	出险经过	三车追尾，本车前部有损，三者车后部、前部有损，三者车福特后部有损，无人伤，无其他损失，有现场，已报交警
	处理经过	

	出险时间	驾驶员	报案人	出险险种	估损金额	结案时间	赔偿金额
1	18/04/2020	赵××	赵××				
2							
3							
4							
5							
6							

本单批改次数：		0	车辆出险次数：			赔款次数：	0	赔款总计：	0元
被保险人地址：	山西省长治市××南路			邮政编码：					
联系人：	赵××		固定电话：		186355×××××	移动电话：	186355×××××		
签单人：	崔××		经办员：	崔××		核保人：	司××		
抄单人：	张××		抄单日期：		11日05月2020年				

图3-1 保险报案记录（抄单）

2. 了解事故状态

通过抄单掌握车辆基本信息后，确定为新能源车辆。查勘员应及时联系客户询问车辆出险原因及车辆损失情况，对事故车辆的损失做到心中有数。

重点了解以下内容：

1）车辆是否能够正常驾驶。

2）仪表盘是否有故障显示信息。

3）车辆电池包是否受损，是否漏液。

4）高压部件是否受损。

5）气囊是否起爆。

6）事故现场是否存在人员伤亡。

根据已经了解的事故损伤情况，预先做出现场查勘预案，携带好必备的查勘工具和救护用具，为现场查勘做好充分准备。

3.2　现场查勘操作要求及基本流程

> **特别提示**：在进行新能源事故车辆现场查勘前，务必穿戴好防护装备，在查勘过程中，如遇起火冒烟等特殊情况，请勿靠近，即刻拨打 119 火警电话。

查勘员到达事故现场后，需要查验事故车辆是否属于承保标的、是否存在三者损失、出险车辆与现场是否吻合等。同时，要对出险车辆行驶证、驾驶证相关信息进行验证。

现场查勘工作可参照以下基本流程操作：

1）在车辆周围设置警示标识。

2）外观查验，判断车辆损伤部位和损伤程度是否涉及高压部件。

3）使用试电笔/万用表检查车辆损坏部位附近位置裸露金属部位（如轮毂）是否带电。

4）在确认安全的情况下，检查仪表盘信息，主要包括故障信息、行驶里程、电池剩余电量（SOC 值），并拍照记录。

5）对于不能行驶的车辆，应尽快拆卸 12V 蓄电池负极。条件允许时，断开维修开关。

6）拍照记录车辆所有损伤情况。

7）协助施救人员将车辆移至维修厂。

8）如车主手机能够收到远程故障信息，应及时拍照保留证据。

> **特别提示**：如动力蓄电池包、高压部件外壳有损伤，可能存在绝缘失效漏电，需注意人员安全，建议联系专业人员处理。

3.3　不同事故场景的查勘要点及注意事项

不同事故类型对车辆造成的损伤有所不同，按照出险事故形态将新能源汽车事故类型分为碰撞事故、托底事故、水淹事故和火灾事故 4 种类型。

1. 碰撞事故现场查勘

碰撞事故是最常见的事故类型，在碰撞事故中最容易遭受损伤的电动汽车部件有充电口、电机控制器等。

本节以车辆正面碰撞事故为例对现场查勘事项进行阐述：

1）在车辆四周布置警示标志。

2）漏电检查，方法参考电测量仪器的使用方法。

3）仪表盘检查，重点检查仪表盘以下信息：

- 车辆行驶里程；
- 电池剩余电量（SOC 值）或剩余续航里程；
- 高压系统故障灯是否点亮，见表 3-1；
- 其他故障灯是否点亮。

表 3-1　新能源汽车部分高压系统故障灯图例

序 号	故 障 名 称	图 示	备 注
1	动力故障		此故障灯提示动力系统故障，通常会和其他的故障灯一起亮，有时也会单独亮起
2	电量不足		此故障灯提示的是电动车的电量不足，应当及时进行充电
3	高压断开故障		此故障灯提示车辆内部的高压电断开，部分车型可能表示为 12V 蓄电池充电故障
4	动力蓄电池内部故障		此故障灯提示动力蓄电池包的内部发生了故障，车辆无法正常行驶。少数情况下，车辆还可以限速行驶
5	动力蓄电池包漏电		此故障灯提示动力蓄电池包漏电

（续）

序号	故障名称	图示	备注
6	动力蓄电池包高温		此故障灯提示动力蓄电池处于高温状态下。充电也可能导致动力蓄电池处于高温状态
7	电机温度过高		该故障灯提示电机温度过高

4）如高压部件存在损伤，应拆卸12V蓄电池负极及断开维修开关。

5）车辆外观及部件检查内容如下：

- 车辆是否有焦煳异味；
- 车辆是否冒烟、起火；
- 高压部件损伤情况：快慢充电口及线束是否损伤，高压部件壳体及插接口是否损伤，驱动电机是否损伤，高压线束是否破皮，铜线是否裸露，见表3-2；
- 低压部件损伤情况：动力蓄电池包散热器、冷凝器、电子扇外壳是否受损，行人警示喇叭是否损坏，制动助力蓄压罐是否破裂等。传统车辆部件损伤不再赘述。

表3-2 新能源汽车部分高压部件检查图示

序号	部件名称	部件损伤状态图示	说明
1	充电口		• 外观是否损伤 • 线束端子/插接件是否破裂、破皮、断裂 • 充电口支架是否变形、褶皱（金属件）、破裂

（续）

序 号	部件名称	部件损伤状态图示	说　明
2	电机控制器		• 外壳是否损伤 • 固定支架是否变形破裂 • 线束和插接件是否破裂、破皮、断裂
3	车载充电机		• 外壳是否损伤 • 固定支架是否变形破裂 • 线束和插接件是否破裂、破皮、断裂
4	DC－DC变换器		• 外壳是否损伤 • 固定支架是否变形破裂 • 线束和插接件是否破裂、破皮、断裂
5	高压分配单元		• 外壳是否损伤 • 固定支架是否变形破裂 • 线束和插接件是否破裂、破皮、断裂
6	驱动电机		• 外壳是否损伤 • 固定支架和悬置是否变形破裂 • 线束和插接件是否破裂、破皮、断裂

（续）

序 号	部件名称	部件损伤状态图示	说 明
7	高压空调泵		• 外壳是否损伤 • 固定支架是否变形破裂 • 线束和插接件是否破裂、破皮、断裂
8	高压线束		• 固定支架是否变形、断裂、破裂 • 线束绝缘层、屏蔽线、线芯是否扭曲、破皮、断裂 • 插接件是否变形、破裂

2. 托底事故现场查勘

托底事故通常包含在碰撞类事故中，但电动车托底主要损伤为动力蓄电池包，且事故损失赔付较高，风险较大，故单独分类，因此了解此类事故查勘要点非常重要。

本节以车辆托底事故为例对现场查勘事项进行阐述：

1）在车辆周围设置警示标识。

2）对动力蓄电池包外观进行检查。可根据事故现场碰撞物体形状、材质，地面是否存在电池漏液等现象判断动力蓄电池包损伤程度。

- 如动力蓄电池有漏液现象，需远离车辆，及时呼叫专业救援。
- 如动力蓄电池无漏液现象，仅外壳轻微损伤，可进行后续检查。

3）漏电检查，方法参考电测量仪器的使用方法。

4）仪表盘检查，重点检查仪表盘以下信息：

- 车辆行驶里程；

- 电池剩余电量（SOC 值），或剩余续航里程；
- 高压系统故障灯是否点亮，详见表 3 - 1 新能源汽车部分高压系统故障灯图例；
- 其他故障灯是否点亮。

5）视情况拆卸 12V 蓄电池负极及断开维修开关。

6）其他高压部件检查：驱动电机、逆变器是否损伤、高压线束是否破皮、铜线裸露。如果任一高压部件存在损伤，可能会导致高压漏电。

3. 水淹事故现场查勘

水淹事故现场往往是一个变化的事故场景，需注意现场查勘的时效性。

动力蓄电池的绝缘状态是保证车辆安全的重要前提。制造工艺及使用环境等因素会导致动力蓄电池包的气密性能变差，当车辆遭遇水淹或涉水行驶时，会因高压系统绝缘等级下降导致车身带电。因此，在水淹事故现场查勘时，尤其要注意避免触电事故。

（1）现场查勘事项

以道路水淹事故为例对现场查勘事项进行阐述：

1）穿戴好防护用具，例如绝缘手套和绝缘雨靴，有条件的需穿好绝缘服。

2）注意查看车内是否有受困人员，可协助施救。

3）在事故现场设置警示标识。

4）测量车辆浸水高度，拍照车身水位线痕迹：

- 车身表面的浸水高度；
- 驾驶室的浸水高度；
- 动力蓄电池包是否全部浸入水中；
- 高压部件浸水高度检查并拍照驱动电机、电机控制器、高压线束、插接件等。

5）确认水淹时间及水质情况。

- 详细询问车辆水淹时间并做好现场笔录。水淹时间对于新能源车辆的高压部件的损坏程度是一个很重要的判断依据，因此接到水淹报案后，应尽快查勘，尽快将车辆拖离现场，降低车辆损失。

- 查看水质情况。不同水质对高低压部件腐蚀存在差别，需注明水质状况，如城市污水、雨水、海水。

(2) 查勘现场处理

如果车辆出现漏电或车辆不能行驶的情况，应尽快联系道路救援。

如果判断水淹程度较轻，在确保安全的情况下可进一步操作：

1）仪表盘检查，重点检查仪表盘以下信息：

- 车辆行驶里程；
- 电池剩余电量（SOC 值），或剩余续航里程；
- 高压系统故障灯是否点亮，详见表 3-1；
- 其他故障灯是否点亮。

2）如果高压故障灯点亮，需拆卸 12V 蓄电池负极及断开维修开关（若维修开关壳体有水渍，请勿操作）。

根据对事故车辆现场查勘的损失状态，对车辆损失进行大致的判断，并对零部件表面的水渍状态分别进行拍照，充分采集证据，提高预估损失准确率。

4. 火灾事故现场查勘

在查勘火灾事故前，应先查明出险车辆是否投保自燃损失险，明确保险标的。到达事故现场应询问、观察、判断起火原因，尽快理清保险责任。

电动汽车起火的直接原因大部分是由于动力蓄电池的热失控造成的，间接原因可能是动力蓄电池过充、电池包受到外界冲击、使用环境温度过高、线路短路等原因造成的，也有可能是外部火源导致车辆起火燃烧。

电动汽车一旦起火，用传统隔绝空气的办法很难灭火。这是因为电池内部发生的化学反应会瞬间产生大量的气体，导致气压升高、电池破裂；而对于三元锂离子电池，其内部的化学反应还会产生助燃剂，使得灭火更加困难。目前，对电动汽车起火事故，最有效的灭火方法是，使用大量的水覆盖进行降温阻燃，使电池包的核心温度完全降下来，才能有效防止复燃。

(1) 起火原因分析

新能源汽车起火原因分为以下几种：

1）自燃：在没有外界火源的情况下，由于本身的低压电控系统、动力蓄电池、高压电控系统、混动车型的供油系统等发生故障，或所载货物自身原因及车内放置的打火机、摩丝、瓶装矿泉水或其他易燃易爆物引发的燃烧。

2）引燃：因外部火源导致车辆发生燃烧，如鞭炮、电焊或人为点燃。

3）碰撞起火（含托底）：发生碰撞后造成高、低压线路短路、动力蓄电池内部短路、漏液等情况，导致起火。

4）雷击：雷雨天气，雷电产生的高压电流击穿汽车高、低压电器或易燃物引起燃烧。

(2) 现场查勘事项

本节以新能源车辆电气系统起火事故为例对现场查勘事项进行阐述。

1）穿戴好防护用具，例如绝缘手套、绝缘雨靴，有条件的需穿好绝缘服。

2）注意查看车内是否有受困人员，可协助施救并呼叫消防救援。

3）在事故现场设置警示标识。

4）查看车辆外观，根据起火状态判断起火原因，确定燃烧位置。重点查看充电口是否烧损，动力蓄电池是否冒烟、起火并及时对其状态进行拍照。

5）对于火势较重车辆，需详细拍摄损坏部件，为车辆损失评估做准备。

需重点拍摄高压线束、电机控制器、驱动电机、高压配电单元以及动力蓄电池等部件外观的过火状态。

6）对于火势轻微且未涉及动力蓄电池的车辆，灭火后及时将 12V 蓄电池负极及维修开关断开，并等待 10min 以上。

7）消防队灭火后，索要起火原因证明。

8）因火灾事故的特殊性，可在灭火后补充查验车辆信息及驾驶人信息。

9）根据需要协助施救车辆进行拖车。

> **查勘过程中灭火注意事项**
>
> ①若车辆发生未涉及动力蓄电池的火灾，可使用汽车常用灭火器进行灭火。
>
> ②若车辆动力蓄电池着火或受热，甚至出现弯曲、破裂、损坏，请使用大量的水或水混合泡沫灭火剂对动力蓄电池进行降温，直至将电池温度控制在安全温度范围内。
>
> ③施救过程中，由于使用喷水灭火，可能导致高压部件绝缘失效，请务必在保证人身安全的前提下进行查勘。

3.4　各类事故损伤范围及动力蓄电池包检查项目

根据上述4种事故类型，表3-3列出了4种事故可能导致的损伤范围。

表3-3　4种事故类型损伤范围

序号	事故类型	损伤范围
1	碰撞事故	动力蓄电池包的布局大多位于车辆底盘中后部，所以在碰撞事故中，侧面碰撞及尾部碰撞最有可能造成电池包受损；正面碰撞事故基本不会对电池包造成损伤，但可能造成其他高压部件的损伤，如电机控制器、DC-DC变换器、充电口等
2	托底事故	托底事故往往会对电池包造成直接损伤，一般会造成动力蓄电池壳体划伤、凹陷、破裂。严重托底事故可能会导致动力蓄电池模组损伤、内部短路、冒烟起火等
3	水淹事故	水淹事故可能造成车辆线束插接件进水、高压部件进水、动力蓄电池包进水。情况严重时可能导致短路起火
4	火灾事故	火灾事故可能对动力蓄电池造成损伤，严重时会造成车辆全损，并且全损概率较高

部分品牌厂家动力蓄电池包检查项目介绍如下。

(1) 宝马i3纯电动车型

宝马i3纯电动车型动力蓄电池包检查项目见表3-4。

表3-4 宝马i3纯电动车型动力蓄电池包检查项目

序 号	检 查 项 目	对 应 故 障
1	是否产生可见烟雾	可能短路/高温起火
2	是否可在车上识别到烧伤痕迹	可能有过短路/高温起火
3	是否有水渍,包括消防用水（车辆和高压蓄电池单元）	可能进水
4	车辆动力蓄电池包区域是否有机械损伤	碰撞/托底导致的车身损伤
5	高压蓄电池壳体上是否有裂缝和开口	碰撞/托底导致的动力蓄电池包外壳损伤
6	壳体上是否有凹陷,高压蓄电池单元是否变形（允许不超过0.5mm深或5cm的划痕）	碰撞/托底导致的动力蓄电池包外壳内部元件损伤
7	高压蓄电池单元连接是否松动、移动或损坏	碰撞/托底导致的内部元件损伤
8	高压线是否自由悬挂在车辆外,有无挤压	动力蓄电池包连接线束可能在事故中损伤

(2) 大众帕萨特混合动力车型

大众帕萨特混合动力车型动力蓄电池包检查项目见表3-5。

表3-5 大众帕萨特混合动力车型动力蓄电池包检查项目

序 号	检 查 项 目	对 应 故 障
1	高压蓄电池上盖或下部壳体是否有裂纹	可能绝缘失效
2	高压蓄电池上盖或下部壳体是否变形	可能绝缘失效
3	是否由于温度作用导致外壳颜色变化和外壳的褪色	可能温度过高
4	是否有电解液溢出	漏液
5	高压电触点是否损坏	功能失效
6	等电位线是否安装正确	安装不正确或未安装可能导致电击伤害
7	是否有锈蚀损坏	可能进水

（3）腾势纯电动车型

腾势纯电动车型动力蓄电池包检查项目见表3-6。

表3-6　腾势纯电动车型动力蓄电池包检查项目

序号	检查项目	对应故障
1	密封盖边缘四周密封面是否有翘曲变形	碰撞/托底导致的电池包损伤
2	密封盖和托盘之间是否有间隙	碰撞/托底导致的电池包损伤
3	托盘四周是否有裂纹、孔洞	碰撞/托底导致的电池包损伤
4	托盘底部是否有裂纹、孔洞，包含焊缝处裂纹	碰撞/托底导致的电池包损伤
5	托盘划伤宽度或厚度不能超过0.5mm，凹坑直径不能超过3mm，深度不能超过0.5mm	碰撞/托底导致的电池包损伤
6	密封胶破裂时，里层的金属是否开裂	可能进水
7	高低压插接件是否有变形、退针、歪斜等	可能功能失效
8	密封胶是否失效	可能进水
9	是否漏液	可能绝缘失效

新能源汽车保险
事故查勘定损指南

第4章
车辆定损

新能源汽车保险
事故查勘定损指南

现场查勘结束后，定损人员应根据查勘记录，会同被保险人一起进行车辆损失的确定，必要时与承修单位三方协商共同确定车辆损失。

定损是对保险事故所造成的损失情况进行专业的核查与确认，是对损失的项目和程度进行全面、专业的描述与记录，以及对损失情况进行确定的过程，其中包括车辆损失、其他财产损失、施救费用、残值处理和人身伤亡费用等。

当事故车辆运至维修站之后，定损员首先要做的事情是锁定事故记录，为事故车辆定损做好准备。

随着车辆技术的进步，2000 年之后生产的汽车基本都具备故障诊断和信息存储功能。提取故障信息对新能源汽车的定损工作具有重要意义，因此，应在定损环节第一时间确认并保存车辆故障记录。

下面按照新能源车辆高压部件损伤特点并结合事故形式，分别介绍定损工作操作步骤。

4.1 动力蓄电池包定损

目前，动力蓄电池包的维修方式主要有 3 种方式：①动力蓄电池包返厂维修；②厂家派遣技术人员到维修厂修复；③厂家委托授权单位进行修复。

鉴于目前这 3 种维修形式，在送修之前，需要对动力蓄电池包的损伤形态进行进一步的查验，比如，对外壳凹陷、破裂、漏液进行拍照取证，作为对动力蓄电池包损伤程度评估的基本依据。

以下对动力蓄电池包的碰撞损伤和水淹损伤的定损要点分别进行介绍。

1. 动力蓄电池包碰撞损伤

(1) 确定车辆故障码信息

在条件允许的情况下,读取并打印车辆故障检测报告,或者截屏拍照,确定车辆故障码发生时间、行驶公里数等信息(检测读取方法见本章的"4.5 故障信息及检测方法")。

(2) 动力蓄电池包定损

对动力蓄电池包的损伤进行详细检查,根据动力蓄电池包损伤程度并参考维修手册,三方协商制定维修方案。动力蓄电池包碰撞损伤一般可分为3种类型,外壳轻微划痕或仅造成绝缘涂层破损、箱体轻微凹陷和箱体严重凹陷以及破裂。

1) 动力蓄电池包轻微划痕:动力蓄电池包箱体轻微划痕或涂层轻微受损,目测金属箱体没有变形、气密性检测正常的情况下,可判断内部的模组及其他部件未受影响。建议对箱体涂层做修复处理。

2) 动力蓄电池包轻微凹陷:仅造成动力蓄电池包壳体轻度变形的情况下,需对动力蓄电池包进行气密性、绝缘值及相关故障检测。经检测,如果动力蓄电池包的气密性、绝缘值及各项参数均正常,可判断电池模组及其他部件未受损伤。建议对动力蓄电池包箱体进行修复或更换。

3) 动力蓄电池包严重凹陷以及破裂:如果动力蓄电池包壳体出现严重凹陷或破裂,多数情况下会影响到电池模组,还可能影响动力蓄电池包的气密性及绝缘值。定损时,需首先检查绝缘值是否正常。在确保安全的前提下,对动力蓄电池包开箱检修,视壳体损伤程度进行修复或更换,建议对受损模组及其他部件则需更换处理。

如果动力蓄电池包内部模组损伤数量较多,综合考量维修成本及更换费用等因素,可采取更换动力蓄电池包总成的方法处理。

2. 动力蓄电池包水淹损伤

动力蓄电池包具备一定的防水能力,短暂的涉水行驶不会造成动力蓄电池包内部进水。但遭遇水淹事故时，由于水淹时间较长，可能导致内部进水，进而造成气密性和绝缘性能失效。在处理这种水淹事故时，首先应对动力蓄电池包的绝缘性能进行检测，穿戴好防护装备，在确保人身安全的情况下，开始进行损失确认工作。

动力蓄电池包损伤判断方法：

（1）检查外观

水淹事故导致动力蓄电池包进水的途径通常有以下几个方面：

①高压线束插接口；

②低压线束插接口；

③冷却水管结合处；

④单向阀或通气孔；

⑤箱体接合部位。

在动力蓄电池包水淹事故定损中，应重点检查上述部位的水渍或污染状态。

（2）动力蓄电池包性能检测

动力蓄电池包进水会使绝缘性能下降，导致内部短路，造成人身伤害。对于水淹后的电池，可通过检测绝缘值及气密性的方法判断内部是否进水（检测方法见本章的绝缘值检测、电池包气密性检测和电池包损伤检测项目）。

（3）动力蓄电池包未进水判断

经过外观检查，高压插接件接线柱、低压线束接线端子干燥清洁，各接合位置及密封垫状态正常，且经性能检测各项指标未见异常，可判断动力蓄电池包内部没有进水。

（4）动力蓄电池包进水判断

经过外观检查，如果出现高压插接件接线柱、低压线束接线端子以及接合位置存在水渍痕迹，建议采取开箱检查的方式确定内部进水状态，根据内部损伤程度确定损失范围。

如模组、线束、控制器等部件多处浸水或存在锈迹，根据维修报价，综合考虑维修成本，可采取更换模组或更换总成的方法分别处理。

4.2 充电口定损

充电口分为快充口和慢充口两种，如图4-1和图4-2所示。

图4-1 快充口   图4-2 慢充口

充电口总成由插接件、线束和支架组成，大部分安置在车辆前中网和行李舱盖，由于位置特点在碰撞事故中很容易损坏，因此成为定损环节关注的重点部件。

1. 充电口碰撞损伤

（1）充电口及线束检查处理方式

①如果充电口座损伤或破裂，建议单独更换充电口座。

②如果高压线束受到挤压发生破皮、断裂，可予以更换。

（2）检查充电口支架

充电口支架通常使用塑料和金属两种材质，对于塑料材质一般予以更换，对于金属材质的支架可根据损坏情况采取修复或更换。

（3）检查故障码记录

碰撞事故如果导致充电口损坏及线束断路或短路，车辆会报出相应的故障码，定损时应注意采集相关数据。

2. 充电口水淹损伤

(1) 充电口检查及处理方式

①充电口插孔内有明显水渍泥沙等痕迹，建议清洁、烘干处理，绝缘值检测应不低于直流 $100\Omega/V$（快充口）、交流 $500\Omega/V$（慢充口）。

②充电口插孔内有明显锈蚀，建议更换。

③充电口支架存在锈蚀，建议清洁除锈。

(2) 检查故障码记录

水淹事故可能会导致充电口短路或通信错误，车辆会报出相应的故障码，定损时应注意采集相关数据。

4.3　高压线束定损

电动汽车高压线束均为橙色线束，由插接件、线束绝缘层（屏蔽线）、线芯、线束固定支架（卡箍）4 部分组成，见图 4-3 和图 4-4。

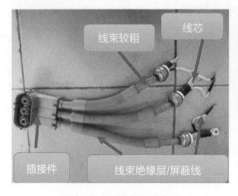

图 4-3　驱动电机动力线

图 4-4　线束固定装置

1. 高压线束碰撞损伤

(1) 高压线束检查及处理方式

①线束插接件固定爪折断或外壳发生轻微破裂，如图 4-5 所示，线束未损伤，

建议采取修复处理。

②线束绝缘层破损或线芯损坏，予以更换。

③线束固定支架（线芯）损坏，予以更换。

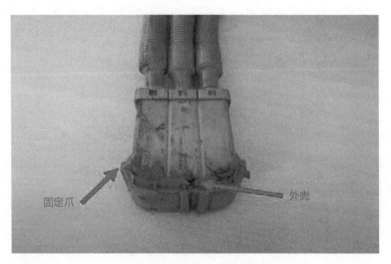

图4-5　固定爪及外壳轻微损伤

（2）检查故障码记录

碰撞事故导致线束及插接件损坏时，可能会出现线束短路、断路，造成通信错误，车辆会报出相应的故障码，定损时应注意采集相关数据。

2. 高压线束水淹损伤

（1）高压线束检查处理方式

①高压线束插孔内有明显水渍泥沙等痕迹，建议清洁、烘干处理，绝缘值检测应不低于直流 $100\Omega/V$（快充口）、交流 $500\Omega/V$（慢充口）。

②高压线束插孔内有明显锈蚀，建议更换。

③高压线束支架存在锈蚀，建议清洁除锈。

（2）检查故障码记录

水淹事故可能会导致高压线束短路或通信错误，车辆会报出相应的故障码，定损时应注意采集相关数据。

4.4　其他高压部件定损

其他高压部件是指高压控制部件及执行元件，包括：

- 电机控制器；
- 车载充电机；
- DC – DC 变换器；
- 高压分配单元/高压配电箱；
- 驱动电机；
- 高压空调泵；
- PTC 加热器。

上述高压部件在很多车型上采用二合一或多合一的集成方式，如：比亚迪秦或唐插电混合动力车型的电机控制器和 DC – DC 变换器为二合一方式，见图 4 – 6；北汽 EU260 的高压配电箱、电机控制器、DC – DC 变换器和车载充电机为四合一方式，称为动力电子单元总成（PEU）。

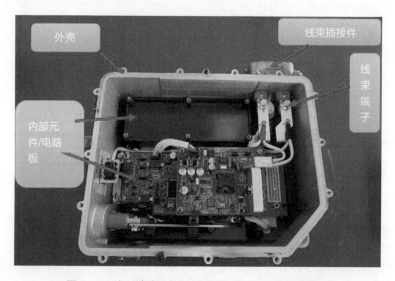

图 4 – 6　比亚迪唐电机控制器和 DC – DC 变换器总成

1. 高压控制部件碰撞损伤

高压控制部件一般由外壳、线束端子、插接件和内部元件组成，下面以比亚迪唐插电混动车型电机控制器和 DC – DC 变换器二合一总成为例进行说明。

（1）外壳检查及处理方法

1）外壳破裂变形：外壳材质大部分为铝合金，上下盖板材质为铝合金或者钢板件，如事故仅造成外壳轻微损伤，比如局部断爪、铝壳轻微破裂，内部无其他损伤，建议采取局部铝焊修复处理。

2）线束插接件变形、破损断裂：线束插接件外壳大多为塑料材质，如外壳出现轻微破裂或断爪，建议采取塑焊修复处理；如有插接件外壳配件供应，可予以更换。

3）内部元件/电路板变形、破裂：内部元件和电路板损伤时，如有配件供应，可采取更换内部元件处理；综合考虑维修成本等因素，也可更换高压控制部件总成。

（2）检查故障码记录

碰撞事故造成高压控制部件损伤，通常会出现车辆无法行驶、充电功能失效、仪表故障灯点亮等现象，车辆会报出相应的故障码，定损时应注意采集相关数据。

2. 高压控制部件水淹损伤

目前大多数高压控制部件的插接件连接处均具备一定的防水功能。水淹事故应重点检查通气孔、高低压插接件插孔、上下壳体接合处等部位的密封状态。如检查中发现以上部位有水渍时，需进一步检查内部元件是否进水。

（1）高压控制部件密封状态检查处理

经检查，如高低压连接插孔干燥无水渍、上下壳接合处密封状态良好，绝缘值检测符合标准（直流不低于 $100\Omega/V$，交流不低于 $500\Omega/V$），可判断密封状态正常。

（2）高压控制部件开盖检查

经检查，如果插接件存在水渍、泥沙等痕迹，无论绝缘值是否在标准范围，均需开盖检查。

- 如果内部元件无水渍、无泥沙，建议对插接件进行清洁干燥处理。
- 如果内部有轻微水渍、无锈蚀，建议清洁干燥处理并进行绝缘值检测。
- 如果高压控制器内部进水较多或有锈蚀，建议更换总成。

(3) 检查故障码记录

高压控制部件受水淹事故影响，通常会造成绝缘性能失效、车辆无法行驶、仪表故障灯点亮等现象，车辆会报出相应的故障码，定损时应注意采集相关数据。

4.5 故障信息及检测方法

1. 故障检测实例

车辆故障码是车载诊断系统判断部件发生故障时的提示信息，包括故障发生时间、行驶公里数等，需经专业检测设备进行读取，可为定损提供重要依据。

以下故障码读取步骤以荣威 ERX5 为例。

①连接诊断仪，选择车型，读取系统参数信息，打印详细诊断报告，见图 4-7。

图4-7　荣威 ERX5 车型诊断报告

②进入故障记录系统，查看能否读取冻结数据帧，见图4-8。

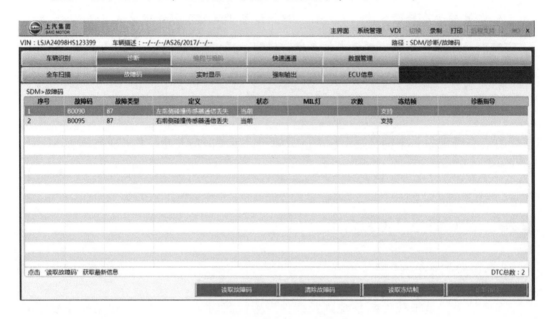

图4-8 查看能否读取冻结数据帧

③进入可读取的冻结数据帧，观察具体故障码信息，见图4-9。

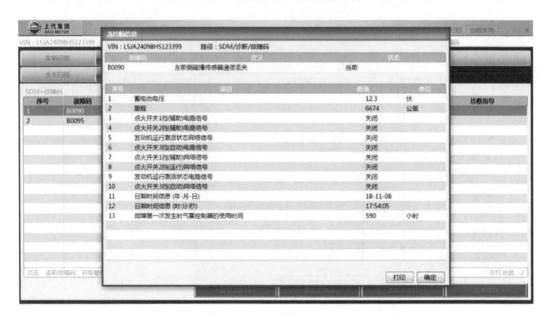

图4-9 某一故障码发生的日期、时间、里程数等信息

2. 主要部件故障码举例

主要部件故障码见表 4 - 1 ~ 表 4 - 4。

表 4 - 1 充电口损伤故障码信息

故 障 码	屏 显 内 容	可 能 故 障
U1008／U100B（启辰晨风）	快速充电器通信 （缺失信息、不稳定）	线束和接头 快速充电器 快速充电接口 电源分配模块
B29A0（启辰晨风）	常规充电接口接合错误 （信号卡在高位、信号无效）	线束和接头 常规充电接口 慢充充电线缆 电源分配模块
P1B09（荣威 ERX5）	快速充电口负极温度传感器	电路对地短路
P1B09（荣威 ERX5）	快速充电口负极温度传感器	电路对电源短路或开路
P1B0A（荣威 ERX5）	快速充电口正极温度传感器	电路对地短路
P1B0A（荣威 ERX5）	快速充电口正极温度传感器	电路对电源短路或开路
P1A82（长安逸动）	车载充电机输入电压过低	线束和插头 车载充电机

表 4 - 2 高压线束损伤故障码信息

故 障 码	屏 显 内 容	可 能 故 障
P31E1（启辰晨风）	高压系统互锁错误	线束和接头 高压线束 维修塞
P0A0B（启辰晨风）	高压系统互锁错误 （高压系统互锁电路性能）	线束或接头（开路） 整车控制器 电源分配模块
P31E0（启辰晨风）	高压系统互锁错误 整车控制器检测到连接 检测电路的极低电压持续 2.5s	线束或接头 电源分配模块
P0A0D（荣威 ERX5）	主高压互锁回路失效 - 高	线束或插头 动力蓄电池包等

（续）

故障码	屏显内容	可能故障
P1B43（荣威 ERX5）	高压互锁开关已打开	线束或接头 动力蓄电池包等

表4-3　高压部件损伤故障信息

故障码	屏显内容	可能故障
B2840（启辰晨风）	电源分配模块： 电气故障 部件内部故障 部件或系统温度过高	线束和接头 电源分配模块
B2802（启辰晨风）	快速充电绝缘信号错误： 信号卡在高位 信号卡在低位	线束和接头 快速充电器 快速充电接口 电源分配模块
B14A0（荣威 ERX5）	电空调压缩机高压电压过低	线束和接头 电空调压缩机等
P1FB8（荣威 ERX5）	车载充电器由于环境温度过低不工作	线束和接头 温度传感器 车载充电机等
U12B0（长安逸动）	车载充电机通信故障	线束和接头 车载充电机
P190A（长安逸动）	电机控制器模块故障	驱动电机 电机控制器
P1915（长安逸动）	电机控制器传感器对地短路	电机控制器

表4-4　动力蓄电池损伤故障信息

故障码	屏显内容	可能故障
P1A611A（腾势）	整车绝缘严重过低	动力蓄电池系统绝缘失效
P31B2（江淮 IEV5）	整车高压系统与整车低压接地之间的绝缘值非常低	动力蓄电池 整车高压线束 电池管理单元
P315D（江淮 IEV5）	整车高压系统与整车低压接地之间的绝缘值较低	动力蓄电池 整车高压线束 电池管理单元

（续）

故 障 码	屏 显 内 容	可 能 故 障
P0A0D（启辰晨风）	高压系统互锁错误	锂离子电池控制器
P3196（启辰晨风）	通信错误	电源分配模块 锂离子电池控制器 CAN 通信线路
P1AC000（比亚迪秦 PHEV）	气囊 ECU 碰撞报警	电池管理单元接收到气囊 ECU 发送的碰撞信号
P1A6000（比亚迪秦 PHEV）	高压蓄电池管理单元检测到高压互锁故障	线束和接头 电池管理单元

3. 绝缘值检测

(1) 测量方法

通常使用兆欧表测量高压部件的绝缘数值，判断其绝缘性能是否正常。兆欧表测量时的连接方法（见图 4 - 10）：

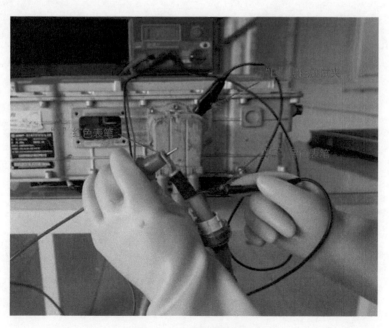

图 4 - 10　表笔连接方法

- 将兆欧表 "E" 端黑色测试夹与车身金属裸露部位连接。

- 将兆欧表 "G" 端黑色表笔与被测部件的外壳连接。

- 将兆欧表 "L" 端红色表笔与高压部件接线端子连接，所有接线端子均需检测。

- 根据标称电压选择量程：选择比标称电压高的临近档位测试，按下红色测试键（TEST/STOP），待屏显数值稳定，读取数值。

（2）测量位置

1）高压部件（北汽）见图4-11~图4-14。

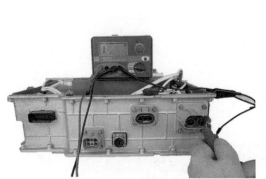

图4-11　连接表笔，调至合适量程

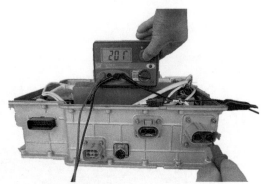

图4-12　按下 "TEST/STOP" 按钮

图4-13　待屏显数据稳定后，读取绝缘值

图4-14　所有高压插接件均需检测

2）线束（特斯拉）见图4-15~图4-18。

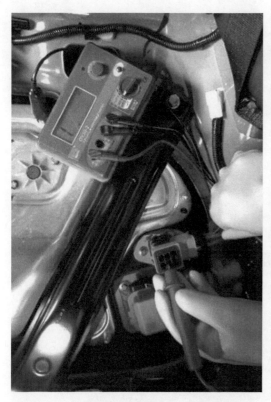

图 4-15 拆卸插头，连接表笔，调至合适量程

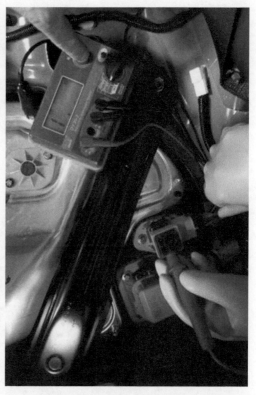

图 4-16 按下"TEST/STOP"按钮

图 4-17 待屏显数据稳定后，读取绝缘值

图 4-18 所有高压插接件均需检检测

3）动力蓄电池包（荣威）见图 4-19～图 4-22。本方法适用于动力蓄电池包壳体上有手动维修开关的车辆。

图4-19　连接表笔，调至合适量程

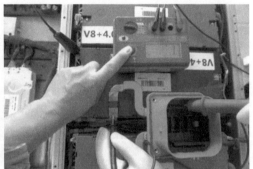

图4-20　按下"TEST/STOP"按钮

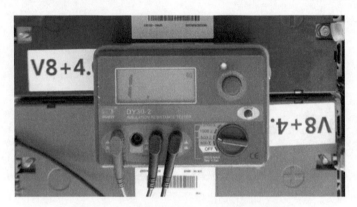

图4-21　待屏显数据稳定后，读取绝缘值图

图4-22　所有高压插接件均需检测

4）部分其他车型电池包检测位置，见图 4-23~图 4-26。

图 4-23 维修开关位置

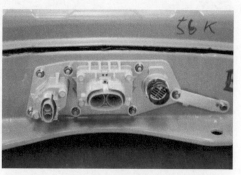

图 4-24 动力蓄电池包插接件位置

图 4-25 在车上拆卸维修开关之后可测量

图 4-26 在车上拔掉插接件后可测量

4. 动力蓄电池包气密性检测

动力蓄电池包气密性检测可分为正压检测、负压检测，通过设备对动力蓄电池包内部进行加压或抽空，在一定时间内，压力值应保持在规定范围内。

下面以启辰晨风纯电动车型为例，对动力蓄电池包单独气密性检测做介绍。

(1) 所需工具

气密仪套件（加压设备、压力表、连接接头等）、肥皂水、毛刷、塑料胶带，见图 4-27~图 4-30。

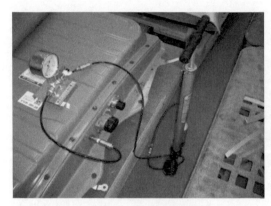

图4-27　气密仪套件

图4-28　肥皂水

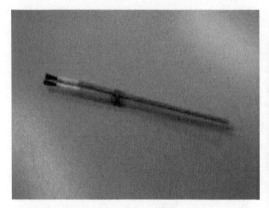

图4-29　毛刷

图4-30　塑料胶带

（2）操作步骤

操作步骤见图4-31~图4-36。

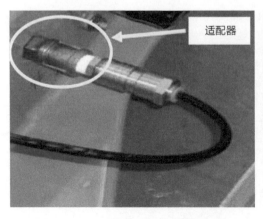

适配器

图4-31　取下橡胶插头并连接适配器

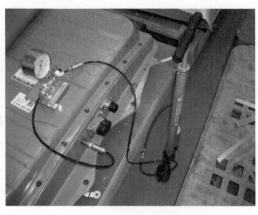

图4-32　将泵软管连接到气密性测试仪

图 4-33 保持维修开关在接合状态

图 4-34 防止空气泄漏用塑料胶带密封通风口

图 4-35 对动力蓄电池包内增压 1.6kPa

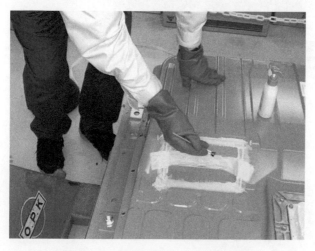

图 4-36 使用毛刷及肥皂液检测泄漏

(3) 数值读取

在动力蓄电池包增压 1.6kPa 状态下保持 1min，观察动力蓄电池包压力变化状态，压力应保持在 1.4kPa 以上。

5. 动力蓄电池包损伤检测项目（表 4-6）

表 4-5　动力蓄电池包损伤检测项目

序号	检查项目	注意事项
1	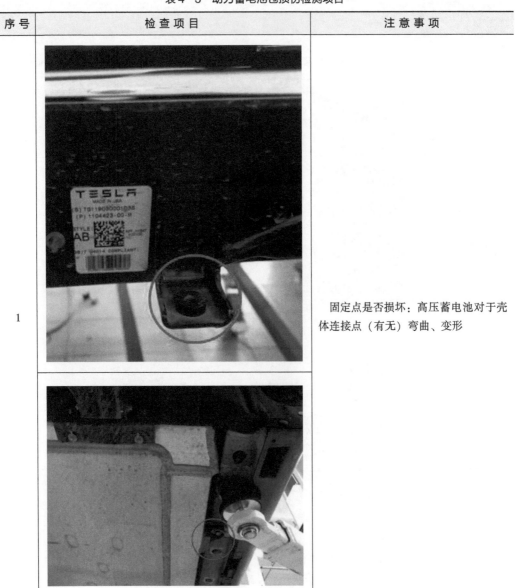	固定点是否损坏：高压蓄电池对于壳体连接点（有无）弯曲、变形

（续）

序号	检查项目	注意事项
2		电气接口是否损坏： • 线束端子的连接点1 • 高压互锁的线束/插口2 • 高压线接口的外壳和锁止卡扣3
3		通气孔、排气单元、冷却液接口、制冷剂接口等是否变形损坏
4		壳体上的损坏：壳体破裂、凹陷、变形、穿孔或不密封

（续）

序 号	检 查 项 目	注 意 事 项
5	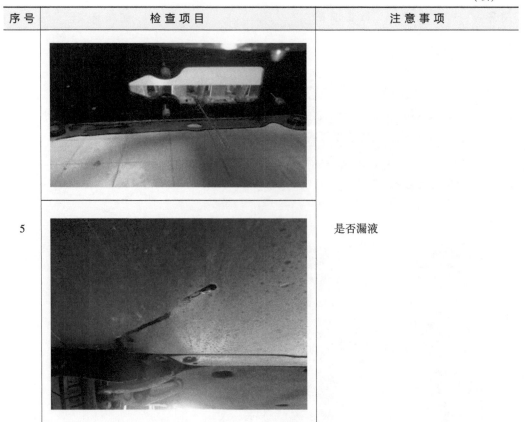	是否漏液

新能源汽车保险
事故查勘定损指南

第 5 章
事故案例

新能源汽车保险
事故查勘定损指南

根据新能源纯电动汽车理赔数据统计，"三电系统"中的驱动电机、高压控制单元以及动力蓄电池的合理赔付已成为保险行业普遍关注的问题，其中，动力蓄电池在理赔过程中存在的问题更为突出。大多数理赔人员感到棘手的问题是对动力蓄电池损伤成因的分析与损失确认的方法缺乏了解。针对这个现状，本章收集整理了部分动力蓄电池损伤事故处理的典型案例，就电动汽车事故现场查勘、车辆定损环节的操作步骤；动力蓄电池内部损伤成因判断分析的方法；动力蓄电池轻微托底对内部影响程度的判断以及发生严重事故以后车辆处置的建议等方面分别进行介绍。

5.1 动力蓄电池托底事故案例

案例 1 荣威 Ei5 托底事故查勘定损操作流程

这是一个典型的纯电动车辆托底事故案例。通过对理赔各环节处理过程的描述，展示了理赔人员从接受任务调度、查勘工作准备到现场查勘过程、车辆损失确认诸环节的标准操作流程、安全注意事项及检测工具设备的使用情况，可为新能源车辆事故处理工作提供参考。

(1) 车辆出险

某公司承保的荣威 Ei5 纯电动轿车在某路段行驶时，不慎冲上隔离带，发生托底事故，导致动力蓄电池外壳底部损伤，见图 5-1、图 5-2。

图5-1 托底事故现场   图5-2 电池底部损伤状态

（2）事故报案

事故发生后，驾驶员拨打保险公司报案电话，客服人员了解到车辆已不能行驶，需要救援。随即调度救援车辆予以施救，同时通知理赔人员赶赴现场进行事故查勘。

（3）现场查勘准备

接受查勘任务后，理赔人员按照以下步骤进行查勘准备。

第一步：通过定损系统调取该事故车辆的投保信息，与现场驾驶员通过电话了解事故基本情况：

①查看抄单得知该车足额投保了车损险、三者险、不计免赔险以及附加险。

②根据车辆牌照为京ADXXXXX得知该车系新能源纯电动汽车。

③根据注册登记时间刚刚过一个月，判断该车辆状态较新。

④与驾驶员通过电话，了解车辆碰撞部位、损伤情况、电池是否漏液、仪表是否显示故障码、动力蓄电池是否断电、车辆能否行驶等，初步判断车辆损伤程度。

第二步：根据事故现场情况和纯电动汽车的特点准备现场查勘专用工具。

①灭火器、消防锤。

②高压警示牌，用于提示非操作人员远离事故车辆。

③绝缘防护装备，包括橡胶绝缘手套和皮手套、绝缘鞋、绝缘工作服。

④动力蓄电池检测设备，包括试电笔、万用表和兆欧表。

- 试电笔可以检测车身外壳是否带电。

- 万用表可以测量电池直流电压（DCV）、交流电压（ACV）、直流电流

（DCA）、交流电流（ACA）、电阻Ω、电容等参数。

- 兆欧表可以测量高压部件绝缘电阻值。

（4）现场查勘过程

到达事故现场后，查勘人员立即展开车辆勘察工作。

①设置现场勘察警示标识（高压警示牌、反光锥形桶等），疏散围观人群，保护现场原始状态。

②穿戴好绝缘鞋及绝缘手套，第一时间对事故车辆进行车身漏电检测（检测方法见电测量仪器的使用方法）。

③查验事故车辆VIN码、驾驶证、行驶证，对事故车辆及驾驶员进行身份确认。

④按照规范拍摄事故现场、事故车辆、损伤部位、损伤痕迹（包括局部特写照片）。

⑤指导被保险人联系救援车辆，协助进行车辆施救。

⑥车辆在拖运前应断开12V低压蓄电池负极接线端子以及动力蓄电池维修开关，见图5-3、图5-4。

 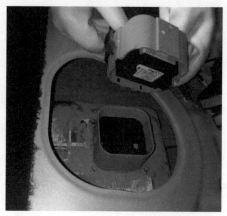

图5-3 断开蓄电池负极端子　　　　图5-4 断开动力蓄电池维修开关

（5）车辆定损主要内容

对事故损伤部位做进一步检查，评估电池包损伤程度。

车辆在拖至维修站后，按照检测程序要求，首先应对动力蓄电池总成进行外观损伤检查和电池性能检测：

第1项：动力蓄电池包外壳漏电检测

检测仪器：试电笔或者兆欧表。

使用试电笔检测方法：将试电笔测试头触及车身金属裸露部位（如轮毂固定螺栓、车架固定螺栓等位置），直接读取显示状态即可。

检测标准：显示屏无 ⚡ 的符号即为正常；反之，如果显示 ⚡ 符号，即存在漏电可能，见图5-5。

使用兆欧表检测方法：按照安全操作规程要求，穿好绝缘靴、带好绝缘手套，将黑色测试夹与车身金属裸露部位连接，黑色表笔连接电池包外壳，红色表笔连接动力蓄电池维修开关端子，按下高压开关键（图5-6红圈处），等待数字显示稳定后，显示屏的数值即为绝缘电阻值。

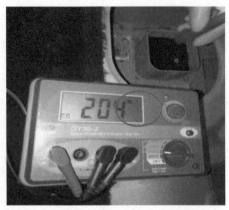

图5-5　试电笔漏电检测（无 ⚡ 符号）　　　　图5-6　兆欧表漏电检测

检测标准：直流不小于 $100\Omega/V$，交流不小于 $500\Omega/V$，一般情况下使用兆欧表检测绝缘电阻值应高于 $2M\Omega$，即为正常（见图5-6）。

第2项：动力蓄电池剩余电量（SOC）数值检查

检查方法：通过仪表盘或显示屏数值读取。

操作步骤：打开点火开关，在仪表盘或者电子显示屏，选择"电池剩余电量（即SOC）"状态，读取数值，显示范围在 0~100 之间。例如：仪表盘显示SOC为"7%"，即表示该电池剩余电量为7%，见图5-7、图5-8。

图 5-7　比亚迪 秦 Pro 动力蓄电池电量（SOC）　　图 5-8　威马 EX5 动力蓄电池电量（SOC）

判断及处置方法：如果事故造成电池损伤，其内部不排除发生漏液、腐蚀、断路、短路的现象，存在损失扩大的可能性。电池剩余电量越高，其潜在的风险越大。因此，建议首先由 4S 店协助将电池拆下，与车身分离置放，同时将电池放电至安全电量（SOC 低于 20%），以降低电池出现意外导致车身损失的风险。

第 3 项：动力蓄电池包总成外观检查，测量电池包凹陷变形数据

检查内容：动力蓄电池包外壳是否出现凹陷、破损、开裂等现象。

检测标准：动力蓄电池包外壳不得有开裂、破损情形，电池底板平面凹陷深度不得大于 3mm。

检测量具：钢直尺、深度尺、游标卡尺。

检测方法：使用刀口尺或者钢直尺贴合电池包外壳，使用深度尺或者钢直尺测量凹陷最深处，见图 5-9、图 5-10。

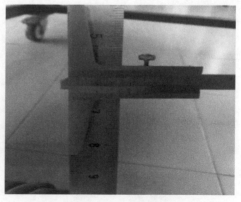

图 5-9　测量底板凹陷深度　　　　　　　图 5-10　读取刻度

第4项：检测电池包气密性

动力蓄电池气密性检测方法：

①拔除电池高压插头（橙色）、控制及信息线束插头（见图5-11）。

②使用专用卡具封闭上述插座（见图5-12~图5-14）。

③安装测试气管（见图5-11左边蓝色气管）。

④按照操作规范注入气体，并按照测试要求进行保压（见图5-15）。

检测标准：（以某品牌为例）动力蓄电池包密封、充气压力6~8kPa状态保持1min，压力降低不得大于0.05kPa/min。

图5-11　拔除高压线束插头，安装蓝色测试气管

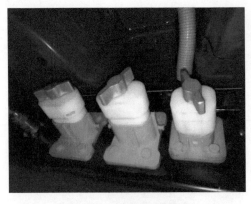

图5-12　封闭高压线束插座

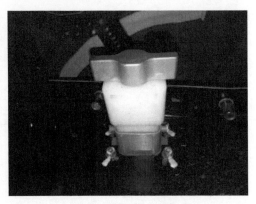

图5-13　封闭控制线束插座

图 5-14 封闭高压维修开关插座

图 5-15 测试表头

按照上述检测程序，保险公司和修理厂共同对动力蓄电池包 4 项指标进行了检测。

检测结果：

第一项，检测动力蓄电池包绝缘性能。检测结果为：＞ 2MΩ，显示绝缘状态良好。

第二项，动力蓄电池包电量数值检测。检测结果为：剩余电量 SOC 50%，高于安全电量，要求维修站做放电处理。

第三项，对动力蓄电池包损伤部位进行检查与测量，见图 5-9、图 5-10。

经外观查验，该动力蓄电池包外壳底部为双层金属结构，由底板和护板组成。底板为冲压成型的铝制板材，护板为 1.5mm 厚的钢板。损伤位置在动力蓄电池包中后部，前后有多处刮擦痕迹，其中凹陷较深的部位在电池包的后部。经测量，凹陷深度为 3mm 左右。

第四项，对动力蓄电池包气密性做检测。按照动力蓄电池检测标准，对动力蓄电池包进行了密封性能检测，结果显示：在规定的时间内，压力保持正常。说明动力蓄电池包的密封状态完好，没有受到损坏。

根据上述检查结果，可初步判断动力蓄电池的性能未受到严重影响。为确认动力蓄电池内部模组的状态，再对动力蓄电池进行开盖检查，见图 5-16 ~ 图 5-19。

图5-16　电池内部模组整体状态

图5-17　电池底板轻微变形，模组基座完好

图5-18　电池后部模组线束状态

图5-19　托底位置模组状态

动力蓄电池包开盖检查结果：

①内部模组状态——各模组排列平整、高度正常，未见挤压变形，见图 5-16。

②线束连接状态——模组间连接线束排列整齐、连接牢固，未见松动、断裂，见图 5-18。

③动力蓄电池包底部状态——从动力蓄电池包内部看，底板局部手触可见有轻微向上隆起，但未对模组固定基座造成影响，见图 5-17。

④托底位置模组状态——将变形位置模组拆解检查，其底部与动力蓄电池包底板贴合面平整完好，模组电压正常，见图 5-19。

（6）案件处理结果

此案维修站要求更换电池总成，报价 7 万多元。经过外部损伤测量、电气指标检测以及动力蓄电池包开盖检查，确认托底事故对动力蓄电池各项指标没有造成影响，经过协商，维修站同意由更换电池总成方案改为对动力蓄电池包底板及护板做必要的整形修复方案，该事故至此顺利结案。

案例2　江淮 IEV5 动力蓄电池进水原因分析

动力蓄电池的绝缘性能是新能源车辆的重要指标之一，托底事故是导致动力蓄电池外壳损伤、电池气密性破坏的主要原因。这个案例通过对电池外壳损伤程度的检测和内部水渍、锈迹严重的痕迹状况，结合事故现场调查结果，并通过维修站调取事故车辆动力蓄电池的故障信息记录，对造成该车动力蓄电池的损伤原因做出了正确判断。

（1）车辆出险

2018 年 1 月 27 日，某保险公司接到被保险人电话报案，称其投保的江淮 iEV5 电动汽车于 2018 年 1 月 25 日在下摆渡船时，由于摆渡船不稳定，使摆渡跳板剐碰标的车底盘，造成车辆损伤不能行驶，如图 5-20、图 5-21 所示。

图 5-20　事故发生现场　　　　　　　　图 5-21　事故车停放在 4S 店

保险公司随后对事故车辆进行查勘并拍照，发现车辆底部中央位置确有由前向后的剐蹭伤，见图 5-22。

图 5-22　车辆底部的剐蹭伤

通过询问当事人了解到，事故发生当时故障灯点亮，但车辆能够继续行驶，驾驶员检查底盘未见明显破损，就继续驾驶。后当事人将车交还于被保险人（车主）覃某，覃某在晚上充电时发现不能充电，遂通知柳州永顺汽车有限公司（江淮 4S 店）。1 月 26 日柳州永顺联系拖车将标的车拖至店内，检查为绝缘故障。

经拆解电池包检查，发现动力蓄电池内部有液态水滴痕迹，线束手触有潮湿感，如图 5-23、图 5-24 所示。修理厂以电池内部绝缘等级不能达到要求为由，要求更换动力蓄电池总成，包含附件总价共计价格为 100840 元。

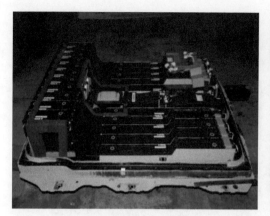
图 5-23　动力蓄电池内部结构

图 5-24　动力蓄电池内的水迹

（2）动力蓄电池内部结构介绍

动力蓄电池内部结构如图 5-25 所示。

图 5-25　动力蓄电池内部结构

1-后排电池（11 组）　　2-左前排电池（4+1 组）　　3-（LBC）电池控制单元
4-维修开关　5-动力蓄电池冷却及加热器　6-BDU 电池切断控制单元　7-右前排电
池（4+1 组）　　8-动力蓄电池外壳（底壳材质为铁质，上盖为塑料）

（3）动力蓄电池损伤分析

1）动力蓄电池外观检测：在动力蓄电池包外壳底部中心线偏左区域可见宽约
6cm、长约 33cm、深约 1cm，从前向后沿行驶方向的凹陷变形，如图 5-26、图 5-27
所示。

图 5-26　托底痕迹长度大约 30cm

图 5-27　变形位置已生锈

动力蓄电池包底部护板四条固定螺钉之一位于凹陷区域（图 5.28 左上），且受托底事故影响而脱落，动力蓄电池包外壳该螺钉位置处于破损状态，破损孔洞直径大约 6mm，其余三条螺钉状态正常，如图 5-28 所示。

图 5-28　动力蓄电池底部固定螺栓折断、外壳破损位置

2）动力蓄电池密封状态检查：除底部托底形成的孔洞破损以外，动力蓄电池包塑料壳盖接口、冷却装置接口以及高压线接驳插口密封良好未见异常，如图 5-29、图 5-30 所示。

图 5-29　塑料上盖状态

图 5-30　高压线束接驳插口密封情况

3）动力蓄电池内部水浸状态检查：据修理厂业务员及保险公司查勘员反映，第一时间打开动力蓄电池包后，发现内部有水滴存在的痕迹，部分线束手触有潮湿感；动力蓄电池包托底变形位置锈迹明显，程度呈较重状态。至本次查验时仍可见有水渍痕迹及锈迹，如图 5-31、图 5-32 所示。

图 5-31　变形位置锈迹严重

图 5-32　动力蓄电池内部水渍痕迹

4）动力蓄电池模组状态检查：经查验托底位置的电池组，可见一处与外壳形状相同的变形痕迹，凹陷程度稍浅，该电池组干燥清洁，未见液态渗漏。由于未能做进一步拆解，对该电池单元的影响尚不明确。其余电池组形状未见异常。经检测三组电池总成电压分别为：左侧 96V，右侧 96V，后部 178V。电压合计 370V，符合正常值范围，如图 5-33～图 5-36 所示。

图 5-33　托底位置电池组上部

图 5-34　电池组底部

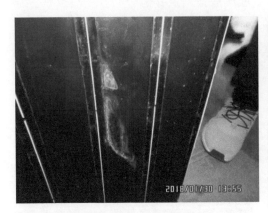

图 5-35　电池组托底痕迹

图 5-36　电池组内部单体电池正常

5）初步判断损失形成过程

①该车由于托底事故造成护板固定螺钉折断，破坏了动力蓄电池的密封状态，形成损坏性通道，导致水可由此通道进入动力蓄电池。

②动力蓄电池由于有水进入，导致内部的绝缘等级下降，触发电池控制系统发出轻度绝缘故障的故障码"5D"，如图 5-37 所示，此时车辆尚可行驶。

③由于没有及时排除动力蓄电池内部进水故障，受水浸时间的影响，动力蓄电池内部绝缘等级不断下降，遂于 2018 年 1 月 25 日 21：55 再次触发电控系统发出绝缘等级为严重故障的故障码"B2"，见图 5-38，且此时电控系统安全保护模式启动，自动切断高压电路，导致车辆不能行驶。

我这边只有2017-12-1至2018-1-26
的数据，报5d绝缘故障是
2017-12-1日13：50，报b2严重绝
缘故障是2018-1-25日21：55报的，
但我数据只有2017-12-1的所以可
能故障还要更早

但远程数据只能下最近三个月的

图 5-37　两次故障码的远程记录

开始时间　2018-01-26 00:00

结束时间　2018-01-26 09:26

上报时间	码	TMI	VCU	BMS	CHR	DCDC	ISG	TBOX	E
2018-01-26 00:28:22	00	00	46	00	00	00	00		0
2018-01-26 00:28:28	00	00	b2	00	00	00	00		0
2018-01-26 09:07:41	00	00	46	00	00	00	00		0
2018-01-26 09:07:44	00	00	46	00	00	00	00		0
2018-01-26 09:07:46	00	00	b2	00	00	00	00		0
2018-01-26 09:07:51	00	00	b2	00	00	00	00		0

图 5-38　4S 店提供的动力蓄电池故障记录

（4）对此类事故理赔的意见和建议

此案所属保险公司对案件前期所做的各项调查工作非常细致，对事故的疑点分析也很准确。处理过程中建议从以下方面做好解释工作：

①根据事故现场复勘结果，说明托底碰撞痕迹不吻合。

②根据现场没有积水条件，说明动力蓄电池内部水迹非此事故所致。

③根据动力蓄电池包内部锈迹锈蚀程度，说明与托底事故发生时间不吻合。

④根据电池没有漏液，说明动力蓄电池包内部锈蚀非酸性液体渗漏导致。

> **建议**：如果可以协商修复方案，建议对左侧电池组进行进一步检测，如无损伤，仅对外壳做钣金喷漆修复即可。

案例 3　传祺 GE3 电池外壳轻微损伤的分析判断

纯电动车辆发生托底是常见的保险事故，通常会造成动力蓄电池外壳不同程度的损伤。根据壳体损伤程度，一般可分为刮擦痕迹、轻微凹陷、严重凹陷、扭曲破裂等几种损伤状态，保险公司通常会根据损伤程度协商赔付方案。

通过保险公司处理这个电池托底事故的全部过程，既可看到理赔人员按照流程认真严谨的工作情形，也能够体验到保险公司在与车主、维修站协商赔付方案过程中的艰辛与协商结果的无奈。与此同时，也使我们意识到汲取专业知识掌握专业技能，提升话语权的重要性与迫切性。因此，我们特甄选这个案例，全程予以关注，收集了从外观损伤检测、专业机构鉴定到电池拆解、外壳变形的测量等环节的大量照片展现给大家，希望通过这个案例的分享，帮助大家对动力蓄电池增加一些了解，既能弥补我们对不同品牌电池专业知识的缺失，也可帮助理赔人员举一反三，提高对动力蓄电池损伤程度的判断能力。

（1）车辆出险

2019年7月8日，某公司承保的一辆刚上牌的广汽传祺纯电动轿车报案，称在倒车时托底，动力蓄电池底部刮擦凸起的树墩，导致动力蓄电池外壳绝缘涂层破损，见图5-39、图5-40。

图5-39　凸起的树墩

图5-40　动力蓄电池底板左侧局部保护膜损伤

保险公司立即派员对事故车辆进行查勘。经查：动力蓄电池前部高压线束、低压线束、液冷管道状态正常，漏电检测数据正常；该车可正常行驶，动力蓄电池故障报警灯未点亮。

 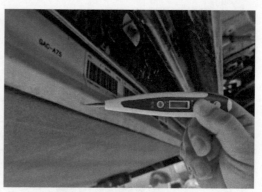

图5-41 动力蓄电池前部管线状态正常　　　　图5-42 漏电检测数据正常

理赔人员对动力蓄电池底板损伤情况进行查验。

经查：该动力蓄电池为铝制外壳，底板平整。外敷有一层黑色绝缘涂层，质地较软，厚度不足2mm。损伤部位位于动力蓄电池底板左侧中间位置，绝缘涂层被刮破损，面积大约为150mm×300mm。目测铝制底板没有凹陷，经使用深度尺对动力蓄电池底板进行测量，未见变形，见图5-43。

图5-43 测量电池底板未见变形

维修站委托传祺厂家授权的第三方机构对动力蓄电池进行了产品鉴定，报告（图5-44）主要内容如下：

CATL

产品鉴定报告

1.基本信息（AFS）

项目名称	GAC_56.6kWh	车辆信息	京A******	产品 Barcode	1191913800**
客户名称	北京****汽车销售服务有限公司				
背景信息	该车辆电池托底，客户反馈我司外服人员进行检测。				

2.初步检查（QA/AFS）

受损图片

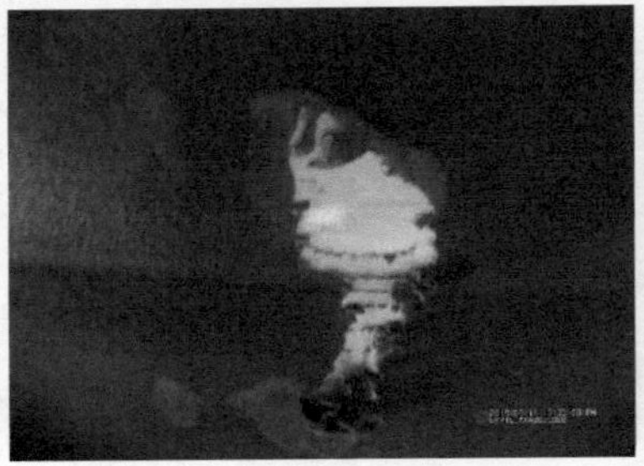

Fig1 电箱受损图　　Fig2 电箱受损图

受损描述：车辆电池托底，电池下箱体绝缘层受损面积较大，金属层没有明显的受损痕迹。

基本性能检测

序号	检测项目	规格	检测依据	检测结果	判定
1	电箱外观	无异常	对比正常部件	外观受损	Fail
2	气密检测	泄露＜100pa/min	气密检测仪器	OK	Pass

评估结果/风险判定：电箱外壳防护层受损面积较大。长期运营使用，存在腐蚀风险和安全风险，建议更换下箱体外壳。

3.建议处理方案（QA/AFS）

更换清单

序号	故障件	物料 PN	物料名称	用量	备注
1	电池下箱体	500104-00048	电箱下箱体	1	
2	箱体上下盖密封条	530100-00465	箱体上下盖密封条	1	
3	相关附件	/	/	/	

评估人（AFS）	负责人（QA/AFS）	审核（QA）

图5-44　第三方机构评估报告

①外观描述：电池箱下体绝缘层受损面积较大，金属层没有明显的受损痕迹。

②两项基本检测：a. 电池箱体外观受损；b. 气密检测合格通过。

③评估结果：电池箱外壳防护层受损面积较大，存在腐蚀风险，建议更换箱体外壳。

维修站提交了关于维修资质的情况说明，并依据第三方的评估结果提出维修方案，要求拆卸电池，更换电池外壳。报价单主要内容是：箱体费用 33500 元，工时费运输费 7230 元，总维修费用合计 41200 元，见图 5-45、图 5-46。

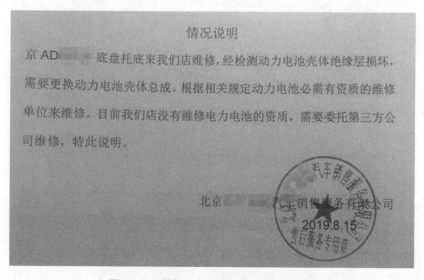

图 5-45　维修站关于维修资质的情况说明

	品名	物料代号	数量	单价	合计
物料费	下箱体_ 挤压_ 电箱	500505－003Z	1	33500	33500
	密封圈_ 上下盖	530100－00065	1	391.7	395
	轧带	550551－00005	50	0.1	5
	轧带	550551－00007	50	0.5	25
	轧带	550551－00009	50	0.9	45
服务费	工时费/运输费	SY－KS－03	－	－	7230
	差旅费	－	－	－	－
合计金额					41200

图 5-46　维修站维修费用报价单

保险公司通过对现场障碍物查勘、电池壳体状态的测量，再结合车辆能够正常行驶的情形，判断事故对动力蓄电池的各项性能指标影响不大，提出几点意见与车主和维修站协商赔付方案：

①从损伤部位的查验与检测结果看，该车动力蓄电池没有发生漏电的情形，经测量电池底板金属壳体没有凹陷，绝缘层损伤面积仅占电池底部面积的1%左右，见图5-47。

图5-47　电池底部绝缘层损伤位置与损伤程度

②车辆因倒车时与地面树墩刮蹭，由于车速较慢、树墩质地较软，对动力蓄电池仅造成表面绝缘层损伤，没有影响到金属壳体，对电池的性能指标应该没有造成实质影响。

③该车电池管理系统没有故障码显示，电池能够正常充电，且车辆也能够正常行驶，据此可判断电池性能正常。

④厂家授权的第三方机构检测数据中也确认了电池箱体"金属层没有明显的受损痕迹"，与我们的测量结果是一致的。

⑤厂家授权的第三方机构检测的另一个重要数据为"气密检测合格通过"，确认了该电池没有破损。这一点也能够说明此事故没有影响动力蓄电池的主要性能指标。

2.处理意见及问题

根据上述分析意见，保险公司向维修站提出建议，希望采取对绝缘涂层进行修复的解决方案；同时根据车辆较新的状态向被保险人建议，由于事故损伤轻微，在没有影响动力蓄电池性能的情况下，尽量保留新车原车电池，希望能够采纳保险公司对绝缘涂层进行维修的赔付方案。为了保证被保险人的利益，还向被保险人进一步承诺：采取修复方案赔付以后，使用过程中如果电池出现质量问题，可随时予以更换。

对于保险公司的分析和建议，作为掌握大量车辆技术资源的维修站虽没有提出不同意见，但在保险人、被保险人、维修站三方协商维修方案的过程中，在责任与利益面前态度模糊，闪烁其词。作为车主，对发生事故后车辆能够正常行驶的状况是了解的，也基本同意保险公司的分析意见。但是由于维修站往往会隐晦地表达出带有倾向性的意见，就会极大地影响车主做出的决定。所以，尽管此事故造成的损伤很轻微，尽管电池状态非常良好，车辆也可正常行驶，但在维修站消极态度的影响下，车主在修复与更换的两个方案中，还是选择了后者，坚持要求更换电池壳体总成的赔付方案。此案最终以更换电池壳体的方案予以赔付。

为了完整地了解电池壳体损伤的内部情况，更具体地掌握这一款电池的内部结构，同时也可系统地向大家介绍一下相关知识，我们在事故结案以后，对更换下来的电池壳体持续跟踪，对其结构做了进一步的了解，对损伤部位内部状态进行了简单的检测。下面选择该车型部分相关数据，以本次事故损伤照片为主，图文结合，以科普的形式推送给大家作为参考。

传祺 GE3 530 车型为纯电动紧凑型 SUV。该车的改进版搭载了容量为 54.75kWh 的高性能三元锂离子电池，能量密度为 160Wh/kg，综合工况续航里程达到了 410km，匀速工况下的最高续航里程可达 530km。动力蓄电池总成分为上盖和下箱体（即底壳）两部分。上盖材质为 SMC 复合材料，下箱体为铝制材质，两侧各通过 8 个螺栓与车身连接固定，见图 5-48、图 5-49。

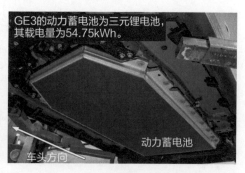

图 5-48　传祺 GE3　　　　　　　　图 5-49　动力蓄电池安装状态

动力蓄电池的高压维修开关和防爆单向阀分别设置在电池上面和侧面，电池前部设置有高压线束、低压线束、信号控制线束插接口及液冷进、回水管接口，见图5-50、图5-51。

图5-50　电池高压维修开关与防爆单向阀

图5-51　电池前部线束及液冷接口

传祺GE3电动SUV的电池安装位置在车身底部前后桥之间。从车辆底部实拍照片看（图5-52、图5-53），电池突出于底盘悬架的其他零部件，与地面距离较近。这种设计导致车辆的通过性能变差，虽然是一款SUV车型，但是电池与地面的高度基本上跟大部分的轿车差不多，一旦托底，非常容易造成电池损伤。

图5-52　传祺GE3电池平面低于后桥悬架

图5-53　电池前部低于副车架

传祺GE3动力蓄电池下箱体（底壳）结构介绍：

电池下箱体为全铝合金材质。底板由8块厚度约为2mm的铝板焊接形成，为双层铝板空腔结构；在内层底板表面嵌入数排螺孔，用于电池模组及控制元件的固定，上盖与下箱体通过胶垫密封，见图5-54、图5-55。

图5-54　电池底板内层的固定螺孔

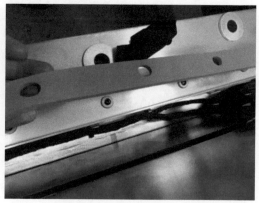

图5-55　电池箱体密封胶垫

对下箱体的厚度分别从外侧和内侧进行测量，得出夹层厚度大约为23mm。使用简易工具对螺孔深度进行测量，扣除电池下箱体夹层板材的厚度，得出的数值与上述结果基本吻合，两层铝板实际间距大约在 15～18mm 左右，见图5-56～图5-59。

图5-56　从外部测量厚度为69mm

图5-57　从内部测量厚度为46mm

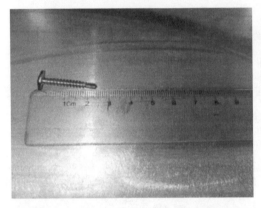

图5-58　使用25mm长度的螺栓探测螺孔

图5-59　双层底板间隔大约15~18mm

本次事故损伤痕迹的具体分析:

　　根据拆解后的照片可以看出,电池壳体外板损伤位置恰好位于左数第三道焊缝之间,在电池壳体的内层对应焊缝处可以清晰地看出,其状态平整无损,没有任何变形,验证了保险公司之前做出的判断是正确的,见图5-60、图5-61。

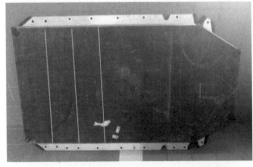

图5-60　损伤痕迹位于第三道焊缝位置

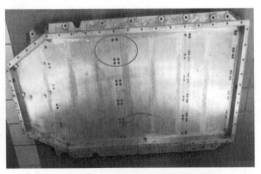

图5-61　电池底板内层状态平整无损

通过对传祺 GE3 动力蓄电池下箱体结构的学习与损伤分析，证明了我们之前所做的判断以及处理意见的正确性，在积累此类事故处理经验的同时，也提升了我们分析与判断损伤成因的自信心。衷心希望通过此案例的分享，能够为大家提供一点借鉴与启迪。

5.2 电动汽车发生严重损伤事故后的处置建议

近年来，电动汽车起火燃烧的事故时有发生。据有关资料统计，从 2013 年底到 2019 年 4 月，仅某一公司部分车型就发生 16 起燃烧起火事故，其中有 11 起是发生在碰撞事故以后。当动力蓄电池受损后，内部的结构以及绝缘性能均可能遭到破坏，在车辆的运输、维修及停放期间，电池内部损失状态有可能发生变化而导致燃烧。因此，在纯电动汽车理赔过程中，一定要对动力蓄电池的损伤状态进行评估，采取安全妥善的方法处置。

下面介绍的特斯拉纯电动汽车发生的两起事故，由于后期分别对电池采取了不同的处理方法，两车形成的实际损失结果差异巨大。

1. 事故概况

(1) 特斯拉 A 起火经过

2018 年 8 月 25 日下午，在某地汽车维修站内，一辆发生了前部碰撞的特斯拉纯电动汽车，在露天停放过程中突然从底部冒出白烟，维修人员迅速使用灭火器扑救，至消防人员赶到采用喷水降温法灭火，均未取得效果，最终整车被烧毁，见图 5-62 ~ 图 5-65。

后期经过调查了解到，该特斯拉右前部发生较严重的碰撞事故后，被拖至非特约维修站停放。由于该维修站缺乏专业维修电动汽车经验，对动力蓄电池风险评估不足，没有及时将电池与车体分离，当动力蓄电池发生自燃时导致整车被烧毁。

图5-62　事故车辆停放中（图中红圈处）

图5-63　维修人员合力扑救

图5-64　消防人员喷水灭火

图5-65　车辆最终被烧毁

（2）特斯拉 B 车辆出险

2019 年 3 月 6 日早晨 7:50 左右，在某地特斯拉超级充电站内，一辆特斯拉电动车正准备进去充电，但令人意想不到的是，原本缓缓行驶的车辆竟突然加速，冲破围栏，冲进了对面的河道落入水中，见图 5-66。

2. 维修站处置方案

下午 2:30 分左右，车辆 B 被打捞施救拖至特斯拉特约维修站以后，理赔人员通过核实事故经过及对施救过程的调查，并结合车身水淹痕迹认为，该车动力蓄电池已经完全浸泡水中，且浸泡时间较长，动力蓄电池发生自燃的潜在风险极大，因此支持维修站尽快拆卸动力蓄电池的要求，及时将动力蓄电池拆下单独安放，做到车电分离，以免损失扩大。

图5-66 车辆冲破围栏落入河中

图5-67 动力蓄电池发生自燃被烧报废

事情的结果证明了维修站和理赔人员的做法是正确的，就在动力蓄电池拆下的当天晚上，动力蓄电池发生了自燃，见图5-67。由于维修站处置方法得当，仅造成动力蓄电池总成报废，有效地避免了殃及车身的扩大损失。

3. 分析与建议

上述两个案例，通过对纯电动汽车动力蓄电池受损后不同处理方法的介绍，指出了动力蓄电池如果受到损伤存在损失扩大的潜在风险，强调在理赔过程中一定不可忽视这一点。

下面首先分析一下电动汽车起火的原因有哪些？

根据对起火事故车辆统计，新能源汽车发生燃烧原因主要分为两大类型：

①正常使用状态：包括充电状态、停放状态和车辆行驶过程中引发燃烧。

②发生事故以后：包括碰撞事故和涉水事故以后引发的燃烧。

车辆的正常使用过程，也即电池的充、放电过程，电池管理系统BMS可以实时监测车辆运行过程中动力蓄电池组的状态变化。根据统计，目前多数电动汽车的自燃都来自于电池管理系统故障。在充电、放电过程中由于电池的热失控，动力蓄电池短路、热辐射、BMS质量问题等，都会导致动力蓄电池温度过高而发生自燃。

当车辆发生碰撞事故（主要指托底事故）时，动力蓄电池受到外部机械冲击，迫使动力蓄电池发生形变。动力蓄电池壳体如果出现扭曲、凹陷、破裂等损伤，造成动力蓄电池内部模组或者单体电池受到挤压，其结构组织被破坏（例如隔膜断裂、刺穿、漏液），产生内部短路和可燃气体，并促发可能的热失控。这种原因导致的温度升高时间、是否引发自燃不确定，可因损伤程度而异。

当车辆发生涉水事故（主要指在水中浸泡）后，动力蓄电池内部如果进水，动力蓄电池间的接线或电机控制系统可能由于水或水汽的侵蚀，造成绝缘程度下降、短路，导致漏电，还会产生大量可燃可爆气。一旦短路，就会导致动力蓄电池温度迅速上升，引起燃烧，甚至爆炸。

根据上述分析可以看出，**由于事故引发的自燃往往存在滞后性和不确定性**。因此，在理赔过程中，为了充分保障被保险人的权益和减少不必要的损失，应高度重视动力蓄电池的特点，正确评估电池损伤程度及潜在风险。

> **在此郑重建议**：第一时间采取拆卸动力蓄电池单独安放的处置方法，确保车电分离，动力蓄电池放置位置须与其他物体保持15m安全距离，必要时进行放电处理，避免造成更大损失。

附 录

附录 A 名词解释

序号	名词	解释
1	新能源汽车 NEV：New Energy Vehicles	采用新型动力系统，完全或者主要依靠新型能源驱动的汽车，包括插电式混合动力（含增程式）汽车、纯电动汽车和燃料电池汽车等
2	纯电动汽车 EV：Electric Vehicle	以车载电源为动力，用电机驱动车轮行驶，符合道路交通、安全法规各项要求的车辆
3	混合动力汽车 Hybrid Vehicle	广义上说，混合动力汽车是指车辆驱动系统由两个或多个同时运转的单个驱动系统联合组成的车辆，车辆的行驶功率依据实际的车辆行驶状态由单个驱动系统单独或共同提供 通常所说的混合动力汽车，一般是指油电混合动力汽车（HEV，Hybrid Electric Vehicle），即采用传统的内燃机（柴油机或汽油机）和电动机作为动力源，也有的发动机经过改造使用其他替代燃料，如压缩天然气、丙烷和乙醇燃料等
4	插电式混合动力汽车 PHEV：Plug–in HEV	介于纯电动汽车与燃油汽车两者之间的一种新能源汽车，既有传统汽车的发动机、变速器、传动系统、油路、油箱，也有纯电动汽车的动力蓄电池、电动机、控制电路，而且动力蓄电池容量比较大，有充电接口。它综合了纯电动汽车（EV）和混合动力汽车（HEV）的优点，既可实现纯电动、零排放行驶，也能通过混动模式增加车辆的续驶里程
5	串联式混合动力电动汽车 Series HEV	车辆的驱动力只来源于电机的混合动力电动汽车
6	并联式混合动力电动汽车 Parallel HEV	车辆驱动力由电机及发动机同时或单独供给的混合动力电动汽车
7	混联式混合动力电动汽车 Combined HEV	同时具有串联式和并联式驱动方式的混合动力电动汽车

（续）

序号	名词	解释
8	可外接充电式混合动力汽车 OVC-HEV：Off-Vehicle-Chargeable HEV	正常使用情况下，可从非车载装置中获取电能量的混合动力电动汽车 插电式混合动力电动汽车（PHEV）属于此类型
9	不可外接充电式混合动力汽车 NOVC-HEV：Non Off-Vehicle-Chargeable HEV	正常使用情况下，从车载燃料中获取全部能量的混合动力电动汽车
10	燃料电池汽车 FCV：Fuel Cell Vehicle	一种用车载燃料电池装置产生的电力作为动力的汽车
11	高压系统 High Voltage Power System	电动汽车内部 B 级电压以上与动力蓄电池直流母线相连或由动力蓄电池电源驱动的高压驱动零部件系统，主要包括但不限于：动力蓄电池系统和/或高压配电系统（高压继电器、熔断器、电阻器、主开关等）、电机及其控制器系统、DC-DC 变换器和车载充电机等
12	主开关 Main Switch	用于开、关动力蓄电池和控制其主电路的开关
13	放电能量（整车） Discharge Energy	电动汽车行驶中，由储能装置释放的电能，单位为 Wh
14	再生制动 Regenerated Braking	汽车滑行、减速或下坡时，将车辆行驶过程中的动能及势能转化或部分转化为车载可充电储能系统的能量存储起来的制动过程
15	续航里程 Range	电动汽车在动力蓄电池完全充电状态下，以一定的行驶工况，能连续行驶的最大距离，单位为 km
16	能量消耗率 Energy Consumption Rate	电动汽车经过规定的试验循环后对动力蓄电池重新充电至试验前的容量，从电网上得到的电能除以行驶里程所得的值，单位为 Wh/km
17	电机 Electrical Machine	将电能转换成机械能或将机械能转换成电能的装置，它具有能做相对运动的部件，是一种依靠电磁感应而运行的电气装置
18	发电机 Generator	将机械能转换为电能的电机

（续）

序号	名词	解释
19	电动机 Motor	将电能转换为机械能的电机
20	驱动电机 Drive Moter	为车辆行驶提供动力的电动机
21	无刷直流电机 DC Brushless Electrical Machine	用电子电路取代电刷和机械转换器的直流电机，通常由永磁转子电机本体、转子位置传感器和电子换向电路三部分组成
22	交流同步电机 AC Synchronous Electrical Machine	转子与气隙旋转磁场同步的交流电机
23	永磁同步电机 Permanent-magnet Synchronous Electrical Machine	转子采用永磁材料励磁的同步电机
24	电励同步电机 Electrical Wound-Field Synchronous Electrical Machine	转子上的励磁绕组通过集电环接至转子外部励磁电源的同步电机
25	DC – DC 变换器 DC – DC Convertor	将某一直流电源电压转换成任意直流电压的变换器
26	动力蓄电池箱 Traction Battery Enclosure	用于盛装蓄电池组、蓄电池管理系统以及相应的辅助元器件，并包含机械连接、防护等功能的总成，简称蓄电池箱
27	额定电压	指该电化学体系的电池工作时公认的标准电压，或称为公称电压
28	开路电压	电池的开路电压是无负荷情况下的电池电压。开路电压不等于电池的电动势。必须指出，电池的电动势是从热力学函数计算而得到的，而电池的开路电压则是实际测量出来的
29	工作电压	电池在某负载下实际的放电电压，通常是指一个电压范围
30	终止电压	放电终止时的电压值。视负载和使用要求不同而异
31	充电电压	外电路直流电压对电池充电的电压。一般的充电电压要大于电池的开路电压，通常在一定的范围内

（续）

序 号	名 词	解 释
32	高温启动功率 Starting Power At High Temperature	蓄电池系统 SOC 在 20% 或制造商允许的最低 SOC 时，在 40℃下恒压放电（可根据制造商提供的参数设定放电电流）输出的功率
33	低温启动功率 Starting Power At Low Temperature	蓄电池系统 SOC 在 20% 或制造商允许的最低 SOC 时，在 -20℃下恒压放电（可根据制造商提供的参数设定放电电流）输出的功率
34	能量密度 Energy Density	从蓄电池的单位质量或单位体积所获取的电能，用 Wh/kg、Wh/L 来表示。也称作比能量
35	功率密度 Power Density	从蓄电池的单位质量或单位体积所获取的输出功率，用 W/kg、W/L 来表示。也称作比功率或质量比功率
36	自放电 Self－Discharge	蓄电池内部自发的或不期望的化学反应造成可用容量自动减少的现象
37	电压－电流特性 Voltage－Current Characteristics	蓄电池在充/放电过程中，电压与电流关系的特性
38	磷酸铁锂电池	磷酸铁锂电池的正极是橄榄石结构的 $LiFePO_4$ 材料构成，由铝箔与电池正极连接。电池负极是由碳（石墨）组成的，由铜箔与电池的负极连接。中间是聚合物的隔膜，它把正极与负极隔开，锂离子可以通过隔膜而电子不能通过隔膜。电池内部充有电解质，电池由金属外壳密闭封装
39	三元锂电池	三元锂电池一般指三元聚合物锂电池，是指正极材料使用镍钴锰酸锂（$Li（NiCoMn）O_2$）或者镍钴铝酸锂的三元正极材料的锂电池
40	圆柱形电池 Cylindrical Cell	具有圆柱形电池外壳和连接元件（电极）的蓄电池。如"18650"，其中"18"表示直径为 18mm，"65"表示长度为 65mm，"0"表示为圆柱形电池
41	方形电池 Prismatic Cell	具有长方体电池外壳和连接元件（电极）的蓄电池
42	软包电池 Pouch Cell	具有复合薄膜制成的电池外壳和连接元件（电极）的蓄电池
43	单体蓄电池 Secondary Cell	将化学能与电能进行相互转换的基本单元装置，通常包括电极、隔膜、电解质、外壳和端子，并被设计成可充电。也称作电芯

（续）

序号	名词	解释
44	蓄电池电模块 Battery Module	将一个以上单体蓄电池按照串联、并联或串并联方式组合，并作为电源使用的组合体。也称作蓄电池组
45	蓄电池控制单元 BCU：Battery Control Unit	控制、管理、检测或计算蓄电池系统的电和热相关的参数，并提供蓄电池系统和其他车辆控制器通信的电子装置
46	蓄电池包 Battery Pack	通常包括蓄电池组、蓄电池管理系统、蓄电池箱及相应附件（冷却部件、连接线缆等），具有从外部获得电能并可对外输出电能的单元
47	蓄电池管理系统 BMS：Battery Management System	监视蓄电池的状态（温度、电压、荷电状态等），也可以为蓄电池提供通信、安全、电芯均衡及管理控制，并提供与应用设备通信接口的系统
48	放电 Discharge	将蓄电池里贮存的化学能以电能的方式释放出来的过程
49	放电深度 DOD：Depth of Discharge	表示蓄电池放电状态的参数，等于实际放电容量与可用容量的百分比
50	过放电 Over Discharge	当电芯或电池完全放电后继续进行放电
51	涓流充电 Trickle Charge	为补偿自放电效应，使蓄电池保持在近似完全充电状态的连续小电流充电
52	完全充电 Full Charge	电池贮存的容量达到制造商规定的充电截至（终止）条件时即被认为完全充电
53	过充电 Over Charge	当电芯或电池完全充电后继续进行充电
54	荷电状态 SOC：Stage - Of - Charge	当前蓄电池中按照规定放电条件可以释放的容量占可用容量的百分比
55	容量 Capacity C	完全充电的蓄电池在规定条件下所释放出的总容量，单位为 Ah
56	额定能量 Rated Energy	室温下完全充电的电池以 1 小时率电流放电，达到放电终止电压时放出的能量（Wh）
57	循环寿命 Cycle Life	在指定的充放电终止条件下，以特定的充放电制度进行充放电，动力蓄电池在不能满足寿命终止标准前所能进行的循环

（续）

序号	名词	解释
58	自放电 Self – Discharge	蓄电池内部自发的或不期望的化学反应造成可用容量自动减少的现象
59	电动汽车充电 Electric Vehicle Charge	以受控的方式将电能从车外电源传输到电动汽车的蓄电池或其他车载储能装置中的过程
60	电机控制器 Electric Machine Controller	控制动力电源与电机之间能量传输的装置，由控制信号接口电路、电机控制电路和驱动电路组成
61	电机过热报警装置 Motor Over Current Warning Device	当电机的温度超过限值时，发出报警信号的装置
62	绝缘电阻 Insulation Resistance	绝缘物在规定条件下的直流电阻，即加直流电压于电介质，经过一定时间极化过程结束后，流过电介质的泄漏电流对应的电阻称绝缘电阻
63	车道偏离预警系统 Lane Departure Warning System	一种通过报警的方式辅助驾驶人减少汽车因车道偏离而发生交通事故的系统。车道偏离预警系统由图像处理芯片、控制器、传感器等组成

资料来源：

1. GB/T 19596—2017 电动汽车术语。

2. QC/T 897—2011 电动汽车用电池管理系统技术条件。

3. 百度百科。

附录 B　国内主要动力蓄电池生产企业及排名

国内主要动力蓄电池生产企业

序 号	中文名称	英文简称
1	宁德时代新能源科技有限公司	CATL
2	比亚迪股份有限公司	BYD
3	国轩高科动力能源有限公司	GOTION HIGH – TECH
4	天津力神电池股份有限公司	LISHEN
5	惠州亿纬锂能股份有限公司	EVE
6	惠州市亿能电子有限公司	E – pow
7	中航锂电科技有限公司	CALB
8	孚能科技（赣州）有限公司	FARASIS
9	比克电池有限公司	BAK
10	欣旺达电子有限公司	SUNWODA

2018 年及 2019 年动力蓄电池企业排名

2018 年动力蓄电池装机量排名前 10				2019 年动力蓄电池装机量排名前 10			
排 名	电池企业	装机量（GWh）	占比（%）	排 名	电池企业	装机量（GWh）	占比（%）
1	宁德时代	23.41	41.15	1	宁德时代	31.71	51.01
2	比亚迪	11.43	20.09	2	比亚迪	10.76	17.30
3	国轩高科	3.08	5.42	3	国轩高科	3.31	5.33
4	力神	2.05	3.61	4	力神	1.94	3.13
5	孚能科技	1.91	3.36	5	亿纬锂能	1.74	2.79
6	比克	1.74	3.06	6	中航锂电	1.49	2.40
7	亿纬锂能	1.27	2.23	7	孚能科技	1.12	1.95
8	北京国能	0.81	1.42	8	时代上汽	1.14	1.84
9	中航锂电	0.72	1.27	9	比克	0.69	1.11
10	卡耐新能源	0.63	1.11	10	欣旺达	0.65	1.04

数据来源：电池中国网的动力蓄电池应用分会研究部。

附录 C　国内新能源汽车相关检测法规

分类	标号	法规名称	法规类型
电动汽车电池	GB/T 18333.2—2015	电动汽车用锌空气电池	国家标准
	GB/T 31484—2015	电动汽车用动力蓄电池循环寿命要求及试验方法	国家标准
	GB/T 38031—2020	电动汽车用动力蓄电池安全要求及试验方法	国家标准
	GB/T 31486—2015	电动汽车用动力蓄电池电性能要求及试验方法	国家标准
	GB/T 31467—2023	电动汽车用锂离子动力电池包和系统电性能试验方法	国家标准
电动汽车安全性	GB/T 18384—2020	电动汽车安全要求	国家标准
电动汽车能耗	GB/T 18386.2—2022	电动汽车能量消耗率和续驶里程试验方法第2部分：重型商用车辆	国家标准
	GB/T 18386.1—2021	电动汽车能量消耗率和续驶里程试验方法第1部分：轻型汽车	国家标准
	GB/T 19753—2021	轻型混合动力电动汽车能量消耗量试验方法	国家标准
	GB/T 19754—2021	重型混合动力电动汽车能量消耗量试验方法	国家标准
电动汽车传导充电用连接装置	GB/T 20234.1—2023	电动汽车传导充电用连接装置　第1部分　通用要求	国家标准
	GB/T 20234.2—2015	电动汽车传导充电用连接装置　第2部分　交流充电接口	国家标准
	GB/T 20234.3—2023	电动汽车传导充电用连接装置　第3部分　直流充电接口	国家标准
电动汽车救援指南	GB/T 38283—2019	电动汽车灾害事故应急救援指南	国家标准
电工术语	GB/T 2900.50—2008	电工术语　发电、输电及配电　通用术语	国家标准

（续）

分 类	标 号	法 规 名 称	法 规 类 型
电动汽车 电池管理	QC/T 897—2011	电动汽车用电池管理系统技术条件	企业标准
电动汽车 碰撞安全性	C－NCAP （China-New Car Assessment Program）	C－NCAP 管理规则	企业标准
电动汽车 整车性能	CEVE （China Electric Vehicle Evaluation Procedure）	中国新能源汽车评价规程	企业标准
电动汽车 整车性能		北京市示范应用新能源小客车生产企业及产品审 核备案管理细则	地方标准
电动汽车 整车性能	DB31T634—2012	电动乘用车运行安全和维护保障技术规范	地方标准

附录 D　外壳防护等级 IP 分类

代 号	简 介	定 义
IP0 ×	无防护	无特殊防护
IP1 ×	可防护直径大于 50mm 的固体	大的物体表面，例如手掌（但是不能因为有保护故意地接触）；固体直径超过 50mm
IP2 ×	可防护直径大于 12.5mm 的固体	手指或相似的物体（长度不超过 80mm）；固体直径超过 12.5mm
IP3 ×	可防护直径大于 2.5mm 的固体	工具导线等，直径或厚度超过 2.5mm；固体直径超过 2.5mm
IP4 ×	可防护直径大于 1mm 的固体	导线、超过 1mm 厚的条、片；固体直径超过 1mm
IP5 ×	防尘	不能提供完全的防尘作用，但是灰尘不能大量进入其内部，以致影响设备的正常操作
IP6 ×	严格防尘	灰尘不能完全进入
IP ×0	无防护	无特殊防护
IP ×1	可防护下落水滴	垂直下落水滴不会造成有害影响
IP ×2	可防护最大倾斜角为 15° 的下落水滴	当机箱倾斜偏离起正常位置最大为 15° 时，垂直下落的水滴不会对其造成有害影响
IP ×3	可防护喷洒水滴	与垂直方向成 60° 时，喷洒水滴不会对其造成有害影响
IP ×4	可防护飞溅水滴	与机箱成任何方向的飞溅水滴都不会造成有害影响
IP ×5	可防护喷射水流	与机箱成任何方向的由喷嘴射出的水流都不会造成有害影响

（续）

代　号	简　介	定　义
IP×6	可防护大量的水流	大量的水流或强力喷射水流都不能进入机箱而造成有害影响
IP×7	可防护浸入水中的使用条件	当机箱浸入水中，在定义的压力和时间条件下，不会对其防水性能造成有害影响
IP×8	可防护潜水使用条件	设备可连续工作在潜水条件下，此条件应当由制造厂限定
IP×9	可防护高温高压使用条件	设备可连续工作在高温高压条件下，此条件应当由制造厂限定

资料来源：1. GB 4208—2017《外壳防护等级（IP 代码）》

2. IP（Ingress Protection）等级是针对电气设备外壳对异物侵入的防护等级，来源是国际电工委员会的标准 IEC60529，这个标准在 2004 年也被采用为美国国家标准。

3. IP 等级的格式为 IP××，其中××为两个阿拉伯数字，第一标记数字表示接触保护和外来物保护等级，第二标记数字表示防水保护等级。